AF332819

TROISIÈME LISTE

DE

BLESSÉS FRANÇAIS

RECUEILLIS PAR LES TROUPES ALLEMANDES

PUBLIÉE PAR LE

COMITÉ INTERNATIONAL DE GENÈVE

Se vend au profit de l'œuvre des secours aux blessés.

CHEZ GEORG, LIBRAIRE

BALE & GENÈVE

15 DÉCEMBRE 1870

TROISIÈME LISTE

DE

BLESSÉS FRANÇAIS

RECUEILLIS PAR LES TROUPES ALLEMANDES

20 DÉCEMBRE 1870

Observations. — Les noms en italique indiquent le lieu de résidence des blessés, au sujet desquels on devra consulter aussi les notes géographiques placées à la fin de la présente liste.

Le signe † veut dire mort.

Abd-ben-Kastem, Blidah, 1er turcos, coup de feu à la cuisse gauche. *Hopital de réserve 3, Leipzig*

Adrian, R. Caylus 14e d'artill., 9e batt. † le 4 Octobre à *Posen*.

Albert, François, Tour-Landry (Mayenne), 1er hussards, 6e esc., coup de feu au bras gauche. *Hôpital général, Mannheim.*

Arnaudin (?), Paris, 18e ligne, 3e b., 4e c. Evacué sur *Hanovre*.

Arnal, Clément, 52e ligne sergent. *Hopital de réserve, Gœrlitz.*

Albaron, Durand, 87e ligne, *Hopital de réserve, Dessau.*

Abd-el Mansor, 2e turcos, 2e b., 1re c., coup de feu à la main. Evacué sur *Posen*.

Authyer, Jos., 24e ligne, 1er b., 6e c., blessé. *Hopital de réserve, Ludwigslust.*

Ali-ben-el Louch, Bougie, 3e turcos. *Hopital de réserve, Ludwigslust.*

Ali-ben-Mohamed, 1er turcos, caporal, dyssenterie. Guéri et évacué sur *Stettin*.

Arezou, Jacques, Cahors (Lot), 31e ligne, 4e c. Guéri, en *Caserne, Leipzig*.

Audran, Félix, 78e ligne, 4e b., 4e c. Evacué sur *Posen*.

Assoire, Sylvain, Varennes (B.-Alpes), 47e ligne, 3e b., 3e c. *Hopital de réserve 3, Leipzig*.

Ancelin, Jean, Bourgoin, 33e ligne. *Hopital de réserve, Schwetzingen.*

Achard, Pierre, St-Etienne, 24e ligne. *Hopital de réserve, Schwetzingen.*

Anod, Aug., Beaulieu, 77e ligne. *Hopital de réserve, Schwetzingen.*

Ali-ben-Saïd Beni-Abbès, 3e turcos. Guéri et évacué sur *Stettin*.

Ali ou Saïd, Dellys, 1er turcos. Guéri et évacué sur *Stettin*.

Antoine, Jos., Ligères, 3e ligne, 4e b., 2e c., typhus. *Hôpital, Ludwigslust.*

Ahmet-bey, Mohamed, Alger, 1er turcos, blessé à la gorge. *Mannheim*, † le 8 Septembre.

Aulon, François, Epis (Creuse), 67e ligne, coup de feu au genou g *Thiancourt*, † le 5 Octobre.

Acloque, Alfred, 21e ligne, 1er b., 6e c. Evacué sur *Minden*.

Allègre, Jean-Louis-Marie, 24e ligne, 1er b., 3e c. *Hopital militaire, Coblence.*

Annet, Pierre, 2e zouaves. Evacué sur *Minden*.

Abderrahman-ben-Zama, 1er turcos, 2e b., 1re c. *Ambulance de Saverne*, rendu comme Invalide.

Antzenberger, Jos., 43e ligne. *Ambulance de Saverne.*

Arnaud, François, 47e ligne. *Ambulance Wissembourg,*

Abraham, Jean-Louis, garde national, blessé. *Ambulance Saxonne, Vaujours.*

Allègre, F., 4e chass., 1re c. *Hopital de réserve 1, Cassel.*

André, Victor, 68e ligne, 3e c. *Hopital de réserve 1, Francfort-sur-le-Mein.*

Alie, Jos., 88e ligne, 6e c. *Hopital de réserve 1, Francfort-sur-le-Mein.*

Abotz Alphonse, Thoirette (Jura), 1er inf. de marine, coup de feu au genou gauche. *Ecole normale, Châlons s/M.*

Antoine, Jean, 1er cuirass. de la garde, 6e esc. Guéri et évacué sur *Stettin.*

Azeroude, Jacques, 23e ligne, coup de feu à la poitrine. *Pont-à-Mousson,* † le 26 Août.

Antoine, Eug., 65e ligne, sergent-major. coup de feu à la cuisse droite. *Pont-à-Mousson,* † le 10 Sept.

Ali-ould-Amet, 1er turcos. *Erfurt,* † le 25 Octobre.

Amart, L., 5e cuirass. typhus. *Erfurt,* † le 15 Octobre.

Antoni, S , 52e ligne, typhus, *Erfurt,* † le 15 Octobre.

Auguin, Jean-Pierre. 2e inf. de marine, typhus. *Cologne,* † le 17 Octobre.

Arnaud, Pierre, 61e ligne, typhus. *Posen.* † le 20 Octobre.

Aberneau, J., 48e ligne, dyssenterie. *Mayence,* † le 30 Octobre.

Antoine, Aug., 6e ligne, typhus. *Spandau.* † le 24 Octobre.

Andureau, François, 88e ligne, typhus. *Wesel,* † le 17 Octobre.

Anjard, Louis, Dorsay, 8e cuirass , typhus. *Stettin,* † le 13 Octobre.

Alin, Jean-Marie, St-Malo-de-Fontaine, 40e ligne. 3e b., 5e c. *Hopital Marie, Cologne.*

Alartin, Jean, Calais, 2e ligne, 3e b., 4e c. *Hôpital Marie, Cologne.*

Albin, Rob., 74e ligne. *Hôpital de réserve, Schwetzingen.*

Asman, Alger, 2e turcos. *Hôpital de réserve, Schwetzingen.*

Ali-ben-Amet, Alger, 1er turcos. *Hôpital de réserve, Schwetzingen.*

Arrivets, Jos. 67e ligne, 2e b., 3e c , coup de feu à la jambe g. *Collége, Pont-à-Mousson.*

André, Adolphe, 67e ligne. caporal, coup de feu à la hanche gauche. *Collége, Pont-à-Mousson.*

Aladelle, Ant., 93e ligne, coup de feu à la poitrine. *Cllo:ge. Pont-à-Mousson.*

Allenceau, J.-Pierre, 98e ligne. *Ambulance 9 Marange.*

Argault, Ernest, garde mobile de Paris. *Ambulance 4, Gonesse.*

Alberny, Jos , 75e ligne sergent, coup de feu à la poitrine. *Collége, Pont-à-Mousson.*

Bossul Léon, Arbois, 8e lanciers, 4e esc. *Hopital de réserve, Meiningen.*

Boitard, Charles-H., Noyers, 2e lanciers, 7e esc. *Hopital de réserve Meiningen.*

Benoutar ben Missoun 2e turcos, 2e c. *Hopital de réserve. Meiningen.*

Boneris, Jacques, Périgueux, 20e ligne, 6e c. *Hopital de réserve Meiningen.*

Bonnet, Antoine, Aromont, 72e ligne, 2e c. caporal. *Hopital de réserve, Görlitz.*

Briclot, Jean-Pierre, 1er chass. à pied, 1re c. *Hopital de réserve à Dessau.* Sorti.

Brahic, Tancrède 1er chass. à pied, 4e c. *Hopital de réserve à Dessau.* Sorti.

Baumann Pierre, 11e chass. à cheval, 6e esc. *Hopital de réserve, Dessau.*

Bourque, Charles, Sedan. 3e ligne. 3e b., sergent. Guéri et évacué sur *Stettin.*

Bazain, Jean, Cogles, 7e ligne, 6e c , typhus. *Hopital de réserve, Ludwigslust.*

Baudry, Louis. Château-Guibert, 49e ligne, 2e c., caporal. *Hopital de réserve, Ludwigslust.*

Batrix, Jos., Varangebec, 12e ligne, coup de feu à la poitrine. *Hopital de réserve, Schwetzingen.*

Barrière, Martial, Pouillac (Haute-Vienne), 87e ligne, coup de feu à la cuisse gauche. Guéri et évacué sur *Dresden.*

Bedouet, Auguste-Louis, Château-Gontier, 78e ligne, contusion au pied gauche. Guéri et évacué sur *Dresden.*

Barrault Etienne, 3e zouaves, 1er b., 2e c., deux coups de feu à l'épaule droite et au bras. Evacué sur *Posen.*

Bernède, Jean, 40e ligne, 2e b., 6e c., capitaine. *Hopital militaire, Coblenz.*

Blanc, Remond 24e ligne, 3e b , 3e c., sous-lieutenant. *Hopital militaire, Coblenz.*

Berthelemy, Justin, 63e ligne, 3e b., 2e c., caporal. † le 2 Octobre à *Coblence.*

Batir, Emile, 17e chass. à pied, 3e c. *Hopital de réserve, Mersebourg.*

Ben-Abed-Mohamed, Oran, 2e turcos, 2e b., 5e c., blessé à la cuisse droite. *Hopital de réserve 3, Leipzig.*

Bannière (La), Pierre, Gan (Basses-Pyrénées), 96e ligne, 1er b., 6e c., coup de feu à la main gauche. *Hopital de réserve 3, Leipzig.*

Baillon, Eugène, Bittencourt, 26e ligne. Guéri et évacué sur *Posen.*

Boulanger, Th., Tieb, 65e ligne. *Hopital de réserve, Schwetzingen.*

Bernard, François, Nantes, 28e ligne. *Hopital de réserve, Schwetzingen.*

Bayren, F., Verisscaux, 10e ligne. † le 21 Septembre à *Schwetzingen*

Blanchard P.-M., Nevillac 27e ligne. Guéri et évacué à *Stettin.*

Ben Jose ben Chouemse, Orléansville, 1er turcos. *Hopital de réserve, Ludwigslust.*

Berger, Amédé, Brinon-Lacheze 24e ligne, coup de feu à la cuisse droite. *Hôpital de réserve, Ludwigslust.*

Ben Zayen Abd-el-Kader, Oran, 2e turcos, coup de feu à la cuisse droite. *Hopital de réserve, Ludwigslust.*

Bellamp, Julien, 40e ligne, coup de feu au pied droit. *Hopital de réserve, Ludwigslust.*

Bouquet, Achille, 4e ligne, coup de feu à la cuisse droite. *Hopital de réserve, Ludwigslust.*

Bonsol Hippolyte Floray, 27e ligne, contusion au front. *Hôpital de réserve, Ludwigslust.*

Beaudoin, St-Cyr-Gravelais 2e ligne 2e b., 2e c., coup de feu à la jambe gauche *Hopital de réserve Ludwigslust.*

Brunel, Victor, Cairanne, 93e ligne, contusion à la tête. *Hopital de réserve, Ludwigslust.*

Bertillot, Pierre, Decize, 70e ligne, coup de feu à l'épaule gauche. *Hopital de réserve, Ludwigslust.*

Bourillon, Michel, Doutreix, 47e ligne, coup de feu au bras droit *Hôpital de réserve, Ludwigslust.*

Blanchard, Jules, Lanneray, 2e ligne. Guéri et évacué sur *Stettin.*

Baland, Ch.-A'fred, Bains 17e ligne, musicien. *Hopital à Ludwigslust.*

Barthelemy, Jean-M., Galers, 96e ligne, sergent major. *Hopital à Ludwigslust.*

Barrère, Jean, Dujaquet, 36e ligne, coup de feu au ventre. † le 14 Août à *Mannheim.*

Braquet, Louis, Vervant (Charente), 50e ligne, coup de feu à la jambe. † le 27 Septembre à *Mannheim.*

Boutroy, Georges, Autremencourt, 50e ligne, colonel, coup de feu au pied. † le 5 Octobre à *Mannheim.*

Boutry, Jules, Paris, 3e ligne, caporal. *Hôpital de réserve, Hanau.*

Bried, Léon, Rapoldswiller, 56e ligne. *Hôpital de réserve, Hanau.*

Blanchard, Pierre, Villeneuve (Morbihan), 94e ligne, 2e b., 4e c. *Hopital de réserve, Tilsit.*

Benoit, Pierre Mont-Jean (Maine-et-Loire), 66e ligne, 3e b., 3e c. *Hopital de réserve, Tilsit.*

Brugère, Guillaume, Puissenclot (Haute-Loire), 9e chasseurs à pied. *Hôpital de réserve 1, Francfort-sur-le-Mein.*

Bolongon, Calixte, 8e cuirassiers, 4e esc. Evacué sur *Braunschweig.*

Brouqui, Jean, 93e ligne. Evacué sur *Braunschweig.*

Burcy, François, 1er ligne coup de feu à la jambe. *Hopital à Ludwigslust.*

Broutien, Emile, Berg, 2e ligne, 3e b., 2e c, *Hopital Marie, Cologne.*

Baque, Jean, 1er ligne. *Hopital de réserve, Géra.*

Batard Pierre, 63e ligne, 1er b., 2e c. *Hopital militaire, Coblence.*

Beranger, Pierre, 28e ligne, 3e b., 2e c. *Hopital militaire, Coblence.*

Bouisson, Jean-Pierre, 23e ligne, 2e b., 6e c. *Hopital militaire, Coblence.*

Becue, David, Lesdranu (Pas-de-Calais), 68e ligne. *Hopital de réserve, Leipzig.*

Bottier, Adolphe, Nanteuil (Aisne), 1er chasseurs à pied, coup de feu à la main. Guéri et évacué à *Dresden.*

Bouaste, Ferdinand, St-Philippe Equille (Gironde), 72e ligne. Guéri et évacué à *Dresden.*

Beilec Fr., Plormeur (Morbihan), 34e ligne. Guéri et évacué sur *Dresden.*

Boni, Pierre, 72e ligne. Evacué sur *Minden.*

Beyron, Fabien, 4e ligne. Evacué sur *Minden.*

Berrier, François, 15e chass. à pied. 1re c. Evacué sur *Minden.*

Besombes, Jean-Louis, 67e ligne. Evacué sur *Minden.*

Bourdet, P., 66e ligne. Evacué sur *Minden.*

Bilan, Jean-François, 2e zouaves, 2e b, 2e c. *Ambulance à Saverne.*

Borme, Jos, 28e ligne, 6e b., 3e c. *Ambulance à Saverne.*

Bason, Jean Baptiste, 13e ligne, 2e b., 6e c. *Ambulance à Saverne.*

Belinas, Jean-Louis, 88e ligne, 1er b., 3e c. *Ambulance à Saverne.*

Baume, Auguste, 72e ligne, 1er b., 3e c. *Ambulance à Saverne.*

Berteleau, Sévère, Barlade (Yonne), 56e ligne. *Ambulance de Wissembourg.*

Baumont, Gaspard, Remiremont (Vosges), 63e ligne. *Ambulance de Wissembourg.*

Billon, Pierre, Lyon, 73e ligne, capitaine-adjudant major, coup de feu à la cuisse. *Ambulance à Novéant.*

Borry, 6e sect. d'infirmiers, typhus. † le 25 Octobre à l'*Ambulance de Boulay*.

Barrier, Gabriel, 4e artill. *Ambulance de .Teterchen*.

Bussod, Jos., Bouchoux (Jura), *Ambulance de Neunkirchen*.

Buningen, Jean, 8e ligne, coup de feu à l'index. *Asile Eulalie, Châlons-s.-M.*

Brun, Jean-Charles, 1er ligne. *Asile Eulalie, Châlons-s.-M.*

Boury, Des., 66e ligne. *Ambulance, Saverne*.

Baumont, Charles-Jos., garde mobile des Vosges, 1er b , 7e c. *Ambulance, Saverne*.

Boudot, Jean-Pierre, 34e ligne *Hopital de réserve 1, Cassel*.

Breques, Emile, 1er turcos, 6e c., fourrier. Evacué sur *Braunschweig*.

Beauchamps, François, Bezons, 73e ligne, 2e c. caporal, coup de feu au pied gauche. † le 27 Octobre à *Pont-à-Mousson*.

Barbe, Jean, Barinque (Bas.-Pyr.), 31e ligne, 2e b., 2e c. *Hopital de réserve. Nordhausen*.

Barraud, Eugène, Guesery (Saône-et-Loire), 64e l'gne, 4e b., 6 c. *Hôpital de réserve. Nordhausen*.

Beautey, Henri, Tarascon (B.-du-Rhône), 13e chass. à pied, 8e c. *Hopital de réserve, Nordhausen*.

Bossagaitz, Pierre, 34e ligne, 6e c., caporal. *Hopital de réserve, Halle*.

Bomard, Victor, 54e ligne, 3e b., 7e c., coup de feu au pied droit, † le 21 Octobre à *Ars-sur-Moselle*.

Benuyer, Modeste, 40e ligne. Evacué sur *Braunschweig*.

Brassier, L.-A., 3e zouaves. Evacué sur *Braunschweig*.

Blaise, Jos., 68e ligne. Evacué sur *Braunschweig*.

Boyer, L.-A., 94e ligne. Evacué sur *Braunschweig*.

Buisson, Pierre, Vizeron (Isère), 47e ligne, 2e b., 4e c. *Ecole normale, Châlons-s.-M.*

Bannier, François, St-Etienne-du-Mont, 52e ligne, 1er b., 4e c., coup de feu à la jambe droite. *Ecole normale, Châlons-s.-M.*

Bernard, Jean, St-Dizier, 47e ligne, 3e b., 3e c., coup de feu à la jambe gauche. *Ecole normale, Châlons-s.-M.*

Benout, Franç., Pinseaux (Isère), 5e ligne, 1er b., 1e c., coup de feu à la cuisse gauche. *Ecole normale, Châlons-s.-M.*

Bourgeois, Jules, 94e ligne, 1er b., 6e c., coup de feu à la jambe droite. *Collège à Pont-à-Mousson*.

Berlioz, Joseph, 28e ligne, 3e b., 2e c. coup de feu à la poitrine. *Collège à Pont-à-Mousson*.

Beillon, Aug., 46e ligne, 2e b., 4e c., coup de feu au mollet. *Collège à Pont-à-Mousson*.

Berrinel, Jules, 68e ligne, 3e b., 6e c. *Collège à Pont-à-Mousson*.

Binet, Edgar, 17e artill., 6e batt., coup de feu à la jambe gauche. *Collège à Pont-à-Mousson*.

Bouvry, Jean, 98e ligne, 2e b., 6e c., amputé du pied droit. *Collège à Pont-à-Mousson*.

Bural, Léon, train des équipages, phthysie. *Asile Eulalie, Châlons-s/M*.

Baron, François, 1er ligne, sergent, bronchite. *Asile Eulalie, Châlons-s/M*.

Bouras, Jean, 8e ligne, blessé à la jambe gauche. † à *Pont-à-Mousson*, le 27 Août.

Barrère, Hippolyte, 67e ligne, amputé du bras gauche. † à *Pont-à-Mousson*, le 28 Août.

Brosset, Julien, 3e ligne, coup de feu aux 2 jambes. † à *Pont-à-Mousson*, le 5 Septembre.

Brunne, Vincent, 37e ligne, coup de feu à la jambe gauche. † à *Pont-à-Mousson*, le 29 Août.

Barry, Emile, 23e ligne, coup de feu au genou gauche. † à *Pont-à-Mousson*, le 29 Septembre.

Billeau, Auguste, 11e ligne, dyssenterie. † à *Pont-à-Mousson*, le 2 Octobre.

Bureau, Eugène. 21e ligne, coup de feu à la jambe droite. † à *Pont-à-Mousson*, le 2 Octobre.

Bertrand, Hippolyte, 67e ligne, sous-officier, coup de feu à l'épaule gauche. † à *Pont-à-Mousson*, le 26 Octobre.

Bertin, Pierre, 67e ligne, 3e b., 1e c. guéri et évacué sur *Stettin*.

Biregré, Pierre, 67e ligne, 2e b., 4e c. Guéri et évacué sur *Stettin*.

Bourret, Claude, 23e ligne, 1er b., 4e c. Guéri et évacué sur *Stettin*.

Balesteguin, Jean, 94e ligne, 3e b., 4e c., caporal. Guéri et évacué sur *Stettin*.

Barnoin, Antoine, 32e ligne, 2e b., 4e c., caporal. Guéri et évacué sur *Stettin*.

Barbier, Eugène, 67e ligne, 3e b. 3e c., caporal. Guéri et évacué sur *Stettin*.

Bollier, Jean-Baptiste, 2e gren. de la garde, 1er b., 3e c. Guéri et évacué sur *Stettin*.

Blondin, Antoine, 31e ligne, typhus. † le 27 Octobre à *Mayence*.

Bey, Benoît, 4e ligne, typhus. † le 26 Octobre à *Mayence*.

Boulet, Etienne, Gaillon, 1er inf. de marine, typhus, † le 27 Octobre à *Glogau*.

Bacholler, Jules, 69e ligne, typhus. † le 27 Octobre à *Mayence*.

Boulet, Antoine, 47e ligne, typhus. † le 28 Octobre à *Mayence*.

Borc, Jean-Bapt., Grés (Haute-Gar.), 97e ligne, typhus. † le 24 Octobre, *Posen.*
Bordes, Jean, St-Ybart (Corrèze), 82e ligne, catarrhe. † le 26 Octobre. *Posen.*
Briens, Auguste, 3e zouaves, inflammation de poitrine. † le 11 Octobre, *Cologne.*
Barudel. François, Fraysse (Dordogne), 72e ligne. † le 16 Octobre, *Posen.*
Bajot, Antoine, Bully, (Loire), 83e ligne, typhus. † le 16 Octobre, *Posen.*
Brillet, Aug., Pesnes (Ille-et-Vilaine), 20e ligne, typhus. † le 16 Octobre, *Posen.*
Blançon, Pierre, Malzieu (Lozère), 52e ligne, typhus. † le 17 Octobre, *Posen.*
Boissier, Léonard, Chatenet (Haute-Vienne), 52e ligne, typhus. † le 17 Octobre, *Posen.*
Betinas, Jacques, Neuvic (Corrèze), 88e ligne, fièvre nerveuse. † le 9 Octobre, *Posen.*
Beaudon, Jean, Vernais (Cher), 45e ligne, caporal, rupture d'un anévrisme. † le 11 Octobre, *Posen.*
Barres (?), † le 17 Octobre, *Cologne.*
Baisse, Léonard, 47e ligne. † le 18 Octobre, *Cologne.*
Blanc, Jean, 31e ligne, typhus. † le 20 Octobre, *Cologne.*
Bornert, Michel, 7e artill., typhus. † le 13 Octobre, *Cologne.*
Boyer, Victor Eug., 3e zouaves, typhus, † le 16 Octobre, *Cologne.*
Benoit, Gilbert, 70e ligne, typhus. † le 15 Octobre, *Cologne.*
Boissy, Martin, 82e ligne, typhus. † le 15 Octobre, *Cologne.*
Billot, Jacques, 31e ligne, typhus. † le 17 Octobre, *Cologne.*
Baudhin Alibert, 21e ligne, typhus. † le 17 Octobre *Cologne.*
Bresle, Pierre, 6e ligne, dyssenterie. † le 22 Octobre, *Torgau.*
Braque, Jules, Landrecies (Nord), 61e ligne, typhus † le 23 Octobre. *Posen.*
Bugnazet, Jean, Roucoux (Haute Loire), 7e ligne. typhus. † le 20 Octobre, *Stettin.*
Boisson, Célestin, Guimps, cant. de Barbezieux (Charente), 31e ligne, typhus. † le 11 Octobre. *Coblence.*
Bonnet, Joseph, L'Ile-d'Abos, 3e train, typhus. † le 11 Octobre, *Coblence.*
Bonneau, Ernest-Emile, Paris, 79e ligne, typhus. † le 19 Octobre, *Coblence.*
Bretteville, Edgar, Pont-Audemer, 79e ligne, caporal, typhus. † le 16 Octobre, *Stettin.*
Barneget, Simon, Touay (Ardèche), 82e ligne 1er b, 3e c., typhus. † le 17 Octobre, *Neisse.*
Bridet, Pierre, Bissy-s./S., 29e ligne, typhus. † le 15 Octobre, *Glogau.*
Baut, Jos., 1er chass. Evacué sur *Braunschweig.*
Bardon, Jul., Goux, 5e ligne. *Hôpital de réserve, Schwetzingen.*
Bouché, J., 68e ligne. *Hôpital de réserve, Schwetzingen.*
Bonnet, Jacq., 3e zouaves. *Hôpital de réserve, Schwetzingen.*
Bastain, Louis, Caumont, 64e ligne. *Hôpital de réserve, Schwetzingen.*
Besse, Victor, Torsac, 74e ligne. *Hôpital de réserve, Schwetzingen.*
Baldy, Jacq., Le-Bartel-du-Murat, 50e ligne. Evacué sur *Heidelberg.*
Basile, Pierre, garde mobile, 14e b., petite-vérole. *Ecole des arts, Châlons-s./M.*
Boidel, François, Lyon, 50e ligne, Paralysie de la main. *Hôpital de réserve, Schwetzingen.*
Brigasse, François, 31e ligne. *Hôpital de réserve, Schwetzingen.* (Guéri et sorti.)
Ben-Ali-Lacade, Alger, 1er turcos. *Hôpital de réserve, Schwetzingen.*
Barrier, D., 1er train des équipages, dyssenterie. *Collège, Pont-à-Mousson.*
Bourgay, Casimir, 94e ligne, coup de feu à la cuisse droite. *Collège, Pont-à-Mousson.*
Boisson, Victor, 43e ligne, coup de feu à la cuisse droite. *Collège, Pont-à-Mousson.*
Boulle Jean 33e ligne, coup de feu à à la jambe gauche. *Collège, Pont-à-Mousson.*
Brousse, Pierre, 98e ligne, caporal, coup de feu à l'épaule droite. *Collège, Pont-à-Mousson.*
Bissouël, Aug., 70e ligne, coup de feu à la cuisse droite. *Collège, Pont-à-Mousson.*
Bruguiére, Ernest, 37e ligne, coup de feu au bras droit. *Collège, Pont-à-Mousson.*
Bonnoens François, (B.-Alpes), 80e ligne, coup de feu à la cuisse g. *Manufacture de tabacs, Nancy.*
Bayard, Jean-François, Chainon (Jura), 8e artill. 12e batt., amputé de la jambe gauche. *Manufacture de tabacs, Nancy.*
Bogé Philibert, Montigny (Aisne), 25e ligne, coup de feu à la joue. *Manufacture de tabacs, Nancy.*
Beharbie, Amable, 2e turcos, 3e b., 4e c.. Evacué sur *Minden.*
Brany, Gérinas, 96e ligne, 4e c., contusion aux reins. *Hôpital de réserve 3, Leipzig.*
Erière, L.-F.-P., 63e ligne, 3e b., 8e c., sergent. Guéri et évacué sur *Posen.*

Christophle, L., 45e ligne, caporal. Évacué sur *Ingolstadt*.

Chevallier, Pierre-Henri, Angers, 5e cuirass., 4e esc., guéri. Remis au dépôt de prisonniers, *Meiningen*.

Chapard, Henri, 10e artill., 15e batt., trompette. *Hôpital de réserve, Dessau*. Guéri.

Chapus, Victor, 78e ligne, 1er b., 5e c., coup de feu à la cuisse gauche. Guéri et évacué sur *Posen*.

Charvin, Louis, Gallet, 2e ligne. Évacué sur *Stettin*.

Cros, Jacques, Mazamet, 46e ligne. *Hopital de réserve, Ludwigslust*.

Cayet, Ed., Rambouillet, 4e lanciers. *Hôpital de réserve 1, Leipzig*.

Cordier, Michel, Ozan (P.-de-D), 4e cuirass., bronchite. *Hopital de réserve 1, Leipzig*.

Cahier, Julien, Alençon, 68e ligne, fièvre. † le 20 Octobre, *Leipzig*.

Canterot, Laurent, Argèles (H.-Pyr.), 6e cuirass., 1er esc., maréchal-des-logis. Guéri, *Caserne. Leipzig*.

Collet, Ant., 45e ligne, 2e b., 6e c., coup de feu à la jambe droite. Guéri et évacué sur *Posen*.

Camilguilhem, Jean, 67e ligne, 1er b., 3e c., coup de feu au pied droit. Évacué sur *Posen*.

Cerveau, Alex., 18e artill., brig. Évacué sur *Posen*.

Chaumier, Jacq., 3e ligne, 2e b. 5e c., coup de feu au bras droit. Évacué sur *Posen*.

Charbonnier, Pierre, La Chapelle, 57e ligne. *Hôpital de réserve, Schwetzingen*.

Chamfaud, Léon Limange, 98e ligne, blessé. *Hôpital de réserve, Schwetzingen*.

Couerb, Pierre, Monparte, 2e ligne. *Hôpital de Ludwigslust*.

Combe, Séraph.-Franç, St-Christophe, 4e ligne, sergent. *Hôpital de Ludwigslust*.

Couttin, Jean, Annecy ou Andelys, 1er ligne, Guéri et évacué sur *Stettin*.

Comte, Jean, Dauroux, 12e ligne, coup de feu à la cuisse droite. *Hôpital de Ludwigslust*.

Caillod, Alex., Beaune, 43e ligne, sergent, coup de feu au bras. *Hôpital de Ludwigslust*.

Collet, Guillaume, Goulien, 24e ligne, coup de feu au bras gauche. *Hôpital de Ludwigslust*.

Colonna, Jean, Serrières, 43e ligne, coup de feu à la jambe droite. *Hôpital de Ludwigslust*.

Combet, François, Arc, 2e ligne, 3e b.. 1e c., coup de feu à la jambe et à la cuisse. *Hôpital de Ludwigslust*.

Cambanois, Jos., Paynet, 22e ligne, 3e b., 6e c., coup de feu au bras gauche. *Hôpital de Ludwigslust*.

Collier, Sylvain, Fœcy, 70e ligne, contusion à la main droite. *Hôpital de Ludwigslust*.

Cassel, Henri, Arras, 2e ligne. Perte du petit doigt gauche. Guéri et évacué sur *Stettin*.

Colomb, Michel, Brous, 12e ligne, coup de feu au doigt. *Hôpital de Ludwigslust*.

Classe, Alfred, Landruff, 31e ligne, sergent-major. *Hôpital de Ludwigslust*.

Couzet, Alfred, Arras, 58e ligne. *Hôpital de Ludwigslust*.

Chretien, François, Cher, 65e ligne, coup de feu à la jambe. † le 21 Septembre, *Mannheim*.

Cannel, Adalbert, St-Antonin (Doubs). 32e ligne, sergent-major. *Hôpital de réserve, Hanau*.

Chauveau, Jacques, Longuève, 74e ligne, 3e b., 3e c. *Hôpital de réserve, Hanau*.

Cavernus, Martin, Bucy (Gironde), 1er ligne, 1er b., 4e c. *Hôpital de réserve, Tilsit*.

Cottin, Antoine, Paris, grenad. de la garde, 1er b., 3e c. *Hôpital de réserve, Tilsit*.

Combe, Barth., 12e ligne. *Hôpital de réserve 1, Francfort-sur-le-Mein*.

Candille, Jos., 68e ligne. *Hôpital de réserve 1, Francfort-sur-le-Mein*.

Claubaux, Eug., 21e ligne. *Hôpital de réserve 1, Francfort-sur-le-Mein*.

Choudey, Edm., 33e ligne. *Hôpital de réserve 1, Francfort-sur-le-Mein*.

Chapus, Thomas, Givordon, 4e ligne. *Hôpital de Ludwigslust*.

Cresel, Noël, Lodres, 22e ligne. *Hôpital de Ludwigslust*.

Chirol, Julien, Limoges, 64e ligne, coup de feu au bras gauche. *Hôpital de Ludwigslust*.

Chanterelle, Julien, St-Servan, 95e ligne, *Nieder-Jugelheim*. Guéri et évacué.

Chessy ou **Chesoy**, Théod., St-Loup-des-Vignes, 67e ligne, 2e b., 6e c. *Marien-Hôpital, Cologne*.

Coupard, Aug., La Haye-Pesnel, 63e ligne, 3e b., 6e c. *Marien-Hôpital à Cologne*.

Clément, Marius, 3e zouaves, 3e b., 5e c. Évacué sur *Minden*.

Chanterelle, Jul., 91e ligne, 3e b., 4e c. *Hôpital, Coblence*.

Crolet, Constant, 2e inf. de marine, 1er b., 5e c. *Hôpital, Coblence*.

Corlay, Pierre, 7e artill, 6e batt. *Hôpital, Coblence*.

Coudrin, Louis, Savigné (Sarthe), 78e ligne. Guéri et évacué sur *Dresden*.

Crouve, Simon, 48e ligne. Guéri et évacué sur *Minden*.

Collignon, Ernest, 80e ligne, caporal. Guéri et évacué sur *Minden*.

Cazeneuve, Antoine, 3e ligne. *Ambulance de Saverne.* Evacué comme invalide.

Cartier, Jean-Marie-Emmanuel, 16e chass. à pied, sergent-major, *Ambulance de Saverne.*

Cacyl (?), Antoine, 54e ligne, 2e b., 5e c. *Ambulance de Saverne.*

Charpagne, Jean, 62e ligne, 1er b., 4e c, caporal. *Ambulance de Saverne.*

Coiffe, Jean-Bapt., Limoges, 87e ligne. *Ambulance, Wissembourg.*

Cousin, Théod., Pertuis (Orne), 8e chass. à pied, 1e c. *Ambulance, Wissembourg.*

Coquegnot, Emile, 10e chass. à pied. *Hopital, Neunkirchen.*

Chassin, Jean, 21e ligne, typhus. *Asile Eulalie, Châlons-s/M.*

Chatelier, Jules, garde mobile des Deux-Sèvres, 3e b., 1e c. *Ambulance, Saverne.*

Courault, Claude, Nièvre, 50e ligne, 3e b., 1re c. caporal. Evacué sur *Mayence.*

Cartier, Emile, Paris, 50e ligne. *Ambulance, Wisssembourg.*

Cagnon, Aug , 21e ligne, Evacué sur *Braunschweig.*

Cauly, Jean, 68e ligne. Evacué sur *Braunschweig.*

Courty, Charles, 67e ligne, 3e b., 5e c., coup de feu au bras gauche. *Collége à Pont-à-Mousson.*

Chacron (?), Edgar, 68e ligne, 1er b., 2e c., coup de feu au pied droit. *Collége à Pont-à-Mousson.*

Cocaud, Jean, 11e ligne, 3e b., 1e c. *Collége à Pont-à-Mousson.*

Chomeil, Bernard, 47e ligne, 1er b., 2e c , coup de feu à la cuisse gauche. *Collége à Pont-à-Mousson.*

Cochin, Paul, 20e chass à pied. *Asile Eulalie, Châlons-s/M.*

Coissat, François, 35e ligne, coup de feu à l'épaule droite. *Hôtel-Dieu, Châlons-s/M.*

Cabacier, 42e ligne, coup de feu au dos. *Hotel-Dieu, Châlons-s/M.*

Cazeville, Arnold, 30e ligne, dyssenterie. † le 17 Septembre, *Pont-à-Mousson.*

Carroff, François, 30e ligne, dyssenterie. † le 20 Septembre, *Pont-à-Mousson.*

Chalouin, 4e lanciers, paralysie des poumons. † le 24 Octobre, *Erfurt.*

Camuzet, Elie-Remy, Suippes, (Arr. de Ste-Ménéhould), garde mobile, pneumonie. † le 25 Octobre, *Glogau.*

Courty, Germain, Nuique (Dordogne), 72e ligne, typhus. † le 26 Octobre, *Posen.*

Caccion, Baptiste, St-Seine (Côte-d'Or), 18e ligne, typhus. † le 18 Octobre, *Glogau.*

Collard, Eug., 20e ligne, typhus. † le 17 Octobre, *Mayence.*

Cire Jos., 21e ligne, typhus. † le 18 Octobre, *Mayence.*

Crozet, François, 2e zouaves, typhus. † le 15 Octobre, *Erfurt.*

Courant, Jean, 46e ligne, typhus. † le 15 Octobre, *Erfurt.*

Chuniaud, Pierre, Canton de St-Etienne-du-Mont 52e ligne, typhus. † le 9 Octobre, *Posen.*

Capagne, Jean, Toulouse, 3e ligne, pneumonie. † le 10 Octobre, *Posen.*

Cheminal, Albert 2e artill., typhus. † le 22 Octobre, *Cologne.*

Courbe, Victor, 4e ligne, gastrite. † le 23 Octobre, *Cologne.*

Carax (?), Jean Marie 2e ligne, typhus. † le 13 Octobre, *Cologne.*

Claudet, Léon, ?, typhus. † le 17 Octobre *Cologne.*

Chovolot, Charles 2e zouaves, typhus. *Mayence*, † le 24 Octobre.

Chaminade Jean, Sarlat (Dordogne), 72e ligne, typhus. *Posen*, † le 21 Octobre.

Coppin, Charles, Marchiennes (Nord), 9e artillerie. *Stettin*, † le 18 Octobre.

Cheval, 34e ligne, typhus. *Erfurt*, † le 27 Octobre.

Couteau, Louis, Longemire, canton de Bussière (Haute-Vienne), 1er zouaves, typhus. *Coblence*, † le 14 Octobre.

Chazarin, Jean, Jonjous, canton de Saillac (Corrèze). 89e ligne, typhus. *Coblence*, † le 20 Octobre.

Cattelan, Aug.-Stanislas, 74e ligne, pet.-vérole. *Cosel* † le 22 Octobre.

Coste, Aug., 82e ligne, caporal typhus, *Torgau*, † le 20 Octobre.

Carlo, Jos. 65e ligne, typhus. *Wesel*, † le 18 Octobre.

Cerbelant, Jules, 96e ligne, caporal, pet.-vérole. *Mayence*, † le 19 Octobre.

Calippe, Isaac, 61e ligne, dyssenterie. *Wittenberg*, † le 15 Octobre.

Calchac, Baptiste, Bagnac (Lot), 7e ligne, typhus. *Stettin*, † le 12 Octobre.

Chimoux Aug., Engle Fontaine (Nord), 7e ligne, typhus. *Stettin*, † le 13 Octobre.

Cotez, Victor, Somme-Bionne (Marne), garde mobile, typhus. *Stettin*, † le 14 Octobre.

Chaverie, Pierre, Freux (Lot-et-Gar.), 1er hussards, typhus. *Stettin*, † le 16 Octobre.

Charavel, Lou's, 2e génie, typhus. *Erfurt*, † le 14 Octobre.

Cadore-ben-Ali, Oran, 2e turcos. *Hopital de réserve, Meiningen.* (Evacué.)

Clerque, Jean, 50e ligne, 1er b., 3e c. Evacué sur *Mayence.*

Coutenet, François, 67e ligne, coup de feu à la jambe. *Pont-à-Mousson,* † le 17 Octobre.
Clavier, Pierre. 3e ligne. *Hôpital de réserve, Schwetzingen.*
Chatignoux, Fr., 50e ligne. Evacué sur *Heidelberg.*
Chabaut, Jean, Fages, 99e ligne. *Hôpital de réserve, Schwetzingen.*
Calendret, François, Cessens, 74e ligne. *Hôpital de réserve, Schwetzingen.*
Courdrau, Louis, Sens, 3e zouaves. *Hôpital de réserve, Schwetzingen.*
Chassair, Pierre, 64e ligne, coup de feu au pied et à la cuisse. *Collège, Pont-à-Mousson.*
Caspar, Aug., 8e artill., 12e batt., fracture du bras. *Collège Pont-à-Mousson.*
Charpentier, Paul, 94e ligne, coup de feu au pied droit. *Collège, Pont-à-Mousson.*
Coutèze, Nicolas, 9e ligne, tambour, coup de feu au coude droit. *Collège, Pont-à-Mousson.*
Charignon, François, 98e ligne, blessé à la tête. *Collège, Pont-à-Mousson.*
Contin, Jean-Louis, 54e ligne, *Ambulance 9, Marange.*
Cassasol, Jos.-Ch. Jean, 20e chass. à pied, 1re c. *Ambulance 9, Marange.*
Chaux, Louis, 98e ligne. *Ambulance 9, Marange.*
Cabane, Louis, Nîmes, 83e ligne, sergent. *Hôpital militaire, Nancy.*
Chamagner, Jules, (Meurthe), 86e ligne, coup de feu au bras droit. *Manufacture de tabacs, Nancy.*
Collin, Eug.,(Vosges), 67e ligne, caporal, coup de feu au genou gauche. *Manufacture de tabacs, Nancy.*
Christmann, Jean-Fréd., Paris, 28e ligne, coup de feu au bras gauche. *Manufacture de tabacs,Nancy.*
Chasseau (de), Hippolyte, Charmois (Vosges), 75e ligne. Eclat de grenade au bras dr. *Manufacture de tabacs, Nancy.*
Carlos, Jos., Vesia (Ain), 2e grenad. de la garde, amputé du bras droit. *Manufacture de tabacs,Nancy.*
Chupé, Achille, Epréville (Eure), 94e ligne, coup de feu à l'épaule g. *Manufacture de tabacs, Nancy.*

Dieudonné, Lucien, Harreville, 1er train. *Hôpital de réserve, Meiningen.*
Delafaurie, Henri, Blaye 65e ligne, 4e b., 1re c. *Hôpital de réserve, Ludwigslust.*
Davieu, Hippolyte, 2e ligne, 3e b., 6e c., blessé. *Hôpital de réserve, Ludwigslust.*
Delamotte, Louis, Lasse, 7e ligne. *Hôpital de réserve, Ludwigslust.*
Delzois, Jean-Alf., Bordeaux, 22e ligne. *Hôpital de réserve, Ludwigslust.*
Demagner, Lavicogne, 21e ligne. Guéri et évacué sur *Stettin.*
Duval, Valentin, Cuvier, 7e ligne. Guéri et évacué sur *Stettin.*
Demolis, Jean, Bresilly, 10e ligne, blessé. *Hôpital de réserve, Schwetzingen.*
Dubars, Auguste, Lille, 43e ligne. *Hôpital de réserve, Schwetzingen.*
Disserant, Jean, Beaune, 3e dragons, coup de feu au coude. *Hôpital de réserve, Schwetzingen.*
Desmont, Jean, St-Michel, 43e ligne. *Hôpital de réserve, Schwetzingen.*
Deleau, Gustave, Moncy-Notre-Dame (Ardennes), 19e artill. *Hôpital de réserve 1, Leipzig.*
Dumont, Jules, Sallier-aux-Bas (Pas-de-Calais), 2e lanciers, 1er esc. *Hôpital de réserve 1, Leipzig.*
Derchon, Pierre-François, Nanton (Saône-et-Loire), 55e ligne, 4e b., coup de feu à la poitrine et au pied. Guéri et évacué sur *Dresde.*
Debeux, Vincent, 16e artillerie, 13e batt., coup de feu au bras gauche. Guéri et évacué sur *Dresde.*
Durand, Jean, 3e turcos, 3e b., 5e c. Evacué sur *Posen.*
Devaux, Louis, 4e ligne, 1er b., 1re c., lieutenant. *Hôpital militaire, Coblence.*
Derache, Charles, 63e ligne, 2e b., 4e c. *Hôpital militaire, Coblence.*
Drot, Eugène-Jacques, 40e ligne, 3e b., 6e c., sergent-major. *Hôpital militaire, Coblence.* Guéri.
Dunayer, Jacques, Annecy (Haute-Savoie), 3e ligne, 4e b., 3e c., blessé au mollet gauche. *Hôpital de réserve 2, Leipzig.*
Descout, Léonard, Connezac (Dordogne), 66e ligne, 1er b., 2e c., coup de feu aux deux cuisses. *Hôpital de réserve 3 Leipzig.*
Dechausey, Ernest, Paris, 43e ligne. *Hôpital de réserve, Schwetzingen.*
Delponte, J.-B, Fremaré, 3e cuirassiers. *Hôpital de réserve, Schwetzingen.*
Dubraid, Jean, Erasach, 98e ligne blessé au pied. *Hôpital de réserve, Schwetzingen.*
Domer, Léon, Daverne, 28e ligne. *Hôpital de réserve, Schwetzingen.*
Dechamp, Jos.-Alphonse, Ambarès, 28e ligne, sergent-fourrier. *Hôpital de réserve, Ludwigslust.*
Delonys-Mohamed, Alger, 1er turcos, 4e b. Guéri et évacué sur *Stettin.*
Duchoson, B., St-Omer, 20e ligne, coup de feu au pied. *Hôpital de réserve, Ludwigslust.*

Desbordes, Cam.-Ferd., Cuiseaux, 4e (?) coup de feu au bras. *Hopital de réserve, Ludwigslust.*

Douvons Adrien Chagny, 7e ligne, coup de feu au bras. *Hopital de réserve, Ludwigslust.*

Dellecouillerie, Désiré. Varneton, 20e ligne. Guéri et évacué sur *Stettin.*

Douac Math., St-Maur (Loire), 84e ligne, blessé. † le 22 Septembre à *Mannheim.*

Duhamel, Alfred Rouen, 63e ligne coup de feu à la cuisse. † le 8 Octobre à *Mannheim.*

Dumain, Pierre, Riom, 13e chasseurs à pied. *Hopital de réserve, Hanau.*

Desforgés, François, St Ferriès (Dordogne), 13e chass à pied. *Hopital de réserve, Hanau.*

Desroy. Auguste, Fenou (Haute Loire) 4e ligne, 2e b., 1re c. *Hôpital de réserve, Tilsit.*

Dorent Auguste-Parfait St-Germain 61 ligne, 3e b. *Hopital à Ludwigslust.*

Duberger, Pierre, Queriel, 31e ligne, 5e b. blessé à la tête *Hopital à Ludwigslust.*

Durand, Antoine, Serbod, 56e ligne. *Hopital Alice à Bessungen.*

Demoinerie, Eug.-Victor, 87e ligne. Evacué sur *Schweidnitz.*

Derville, Claude, 53e ligne. *Hopital de réserve, Géra.*

Dumoulin, Pierre. 17e chasseurs à pied. Evacué sur *Minden.*

Dubourg, Jean, 18e ligne, 2e b., 3e c. Evacué sur *Minden.*

Durieu, François, 31e ligne, 2e b., 4e c. *Hopital militaire, Coblence.*

Devouse, Louis, 66e ligne. *Hôpital militaire, Coblence.* Evacué.

Desavis, Eug. 14e ligne, 2e b. 2e c. *Hôpital militaire, Coblence.* Evacué.

Dubois, Jean, Montigny (Mayenne), 17 chasseurs à pied 3e c., coup de feu à la main. Guéri. *Au dépôt de prisonniers, Dresden.*

Debausse, François, Maudenais, 81e ligne. *Au dépôt de prisonniers, Dresden.*

Dubuc, Léon, 10e dragons, 3e esc. Evacué sur *Minden.*

Dumoulin, Gustave, 63e ligne 2e c, Evacué sur *Minden.*

Deboucy, Auguste, garde mobile de l'Aisne, 7e c. *Ambulance de Saverne.* Evacué comme invalide.

Debord, Denis, 45e ligne. *Ambulance à Wissenbourg.*

Didon, Célestin, Gueblanche (Meurthe), 15e ligne. *Ambulance à Wissenbourg.*

Dobigon, Eugène, 51e ligne. *Ambulance à Teterchen.*

Doussot, Pierre, 34e ligne. *Hopital de réserve 1, Cassel.*

Desambert, Georges-Constant Sarrebourg, 1er zouaves, 4e b., 5e c., caporal. *Hopital de réserve, Nordhausen.* Evacué

Delécole, François, Champignéle (Yonne), 50e ligne. *Ambulance à Wissenbourg.*

Didier, Auguste, 4e ligne. Evacué sur *Braunschweig.*

Debage, Henri, 22e ligne. Evacué sur *Braunschweig.*

Daiblefer, Pierre, Roumangouse (Ariége), 33e ligne, 1er b., 1re c., caporal, coup de feu à la cuisse droite. *Ecole normale., Châlons-s/M.*

Driginaire, P.-A., cuirassiers de la garde, 6e esc., maréchal-des-logis, coup de feu à la jambe droite. *Collége à Pont-à-Mousson.*

Dordon, Sylvain, 32e ligne, 1er b., 6e c., fracture de la jambe gauche. *Collége à Pont-à-Mousson.*

Dion, Jacques, 68e ligne, 3e b , 3e c, coup de feu à la jambe gauche. *Collége à Pont-à-Mousson.*

Dequand ou **Decaen**, Joseph, 68e ligne, 2e b , 6e c., coup de feu au genou droit. *Collége à Pont-à-Mousson.*

Dronne, Félix, 32e ligne, coup de feu à la jambe droite. † le 5 Septembre à *Pont-à-Mousson.*

Domby, Pierre, 66e ligne coup de feu au genou gauche. † le 8 Octobre à *Pont-à-Mousson.*

Descoins, Etienne, 18e artill., 6e b. Guéri et évacué sur *Stettin.*

Desmazières, Jean, 66e ligne, 2e b. 6e c. Guéri et évacué sur *Stettin.*

Duplan, André, Maurens (Gers), 37e ligne, typhus. † le 25 Octobre à *Glogau.*

Dasque, Nicolas, Fanga (Haute-Gar.) 61e ligne, dyssenterie. † le 25 Octobre à *Neisse.*

Duchaud, Jean, 2e génie, dyssenterie. † le 27 Octobre, *Mayence.*

Duraux, Jean-Philippe, 47e ligne, typhus. † le 9 Octobre, *Cologne.*

Dubois, Victor, 2e ligne, typhus. † le 11 Octobre, *Cologne.*

Dufour, Rémond, Cuy (Haute-Savoie), 45e ligne, typhus. † le 18 Octobre, *Glogau.*

Delujard, Aug., 21e ligne, petite vérole. † le 19 Octobre, *Cosel.*

Denis, Jean-Baptiste, 83e ligne, typhus. † le 16 Octobre. *Erfurt.*

Dardé, Baptiste, Andouque (Tarn), 52e ligne dyssenterie. † le 12 Octobre, *Posen.*

Deschamps, Jean-Baptiste, 17e ligne, typhus. † le 19 Octobre, *Coblence.*

Delay, Bernard, 6e artill., typhus. † le 12 Octobre, *Cologne.*

Delboec, Louis, 83e ligne, typhus. † le 24 Octobre, *Torgau*.

Durand, Louis, 52e ligne, typhus. † le 16 Octobre, *Minden*.

Dounier, Antoine Mascombre (Corrèze), 74e ligne, typhus. † le 19 Octobre, *Stettin*.

Desaunay, Auguste Licodc (Calvados). 7e ligne typhus. † le 20 Octobre, *Stettin*.

Deshayes, Claude, St-Nizier (Rhône), 79e ligne, gastrite. † le 22 Octobre, *Stettin*.

Dhiève, W., 2e artill. du train, typhus. † le 20 Octobre, *Wesel*.

Dumatin, Jean-Baptiste, Escaudeuves, par Cambray, 26e ligne. † le 23 Octobre à *Thorn* de blessure.

Delafegay, Jacques, Sormatison (Puy-de-Dôme) 16e artill., petite vérole. † le 20 Octobre, *Coblence*

Delphin, Henri, 6e ligne, typhus. † le 21 Octobre, *Spandau*.

Danlose, Aug.-Pierre, 6e ligne, typhus. † le 19 Octobre, *Torgau*.

Dulon de Rosnay, Choissy (Ain), 7e ligne, typhus. † le 15 Octobre, *Stettin*.

Delmas, Jean-Baptiste, Baulhas (Lozère), 78e ligne, petite vérole. † le 17 Octobre, *Neisse*.

Decorsent, Louis Thonon (Haute-Savoie) 35e ligne, typhus. † le 15 Octobre, *Glogau*.

Duval, François, Jennecaud (Haute Loire), 18e ligne, typhus † le 18 Octobre, *Glogau*.

Delestre, Louis, Laquemesnil, 7e ligne. *Hopital de réserve, Meiningen* Evacué.

Dupuc, Jean, Nevers, 50e ligne, coup de feu à la poitrine. † le 7 Août, *Mannheim*.

Denis, Théodore. Tanaques, 30e ligne. *Hopital de réserve, Meiningen*. Evacué comme prisonnier.

Delporte, J., 3e cuirass. *Hopital, de réserve, Schwetzingen*.

Durand, Martin, Murat, 61e ligne. *Hopital de réserve, Schwetzingen*.

Ducos, Arthur, Gisors, 9e ligne. *Hopital de réserve, Schwetzingen*.

Dornat, C., 73e ligne, surdité par suite de blessure à la tête. *Hopital de réserve, Schwetzingen*.

Durantin, J., 50e ligne. *Hopital de réserve, Schwetzingen*.

Divaux, Evariste, St-Pol, 74e ligne. *Hopital de réserve, Schwetzingen*. Guéri.

Delesmonte, Louis, 68e ligne. *Collége à Pont-à-Mousson*.

Delavoix, Jos , 51e ligne, caporal, coup de feu à la hanche droite. *Collége à Pont-à-Mousson*.

Devillebichat, 73e ligne, capitaine, blessé au pied gauche et à la main droite. *Ambulance, Novéant*

Damieu, Jos., 57e ligne. *Ambulance 9, Marange*.

Decamps, Marcus, 98e ligne. *Ambulance 9, Marange*.

Darbois, Claude, 98e ligne. *Ambulance 9, Marange*.

Dupin, Noël, 98e ligne. *Ambulance 9, Marange*.

Destoc, Emmanuel, 65e ligne. *Ambulance 9, Marange*.

Delache, Félix, 43e ligne. *Ambulance 9 Marange*.

Darsingulongue, Jean (Landes), 75e ligne, blessé à la cuisse droite. *Manufacture de tabacs, Nancy*.

Dourant, Jos., Chabons (Isère), 2e cuirassiers, blessé à l'épaule droite. *Manufacture de tabacs, Nancy*.

Ducourbon du Moulin (Moselle), 3e ligne, lieutenant, coup de feu à l'épaule droite. *Manufacture de tabacs, Nancy*.

Escaffre, Antoine. Aguts (Tarn), 87e ligne, coup de feu au côté gauche. Guéri et évacué sur *Dresden*.

Etienne, Martin, Nevers, 50e ligne, blessé à la poitrine. *Mannheim*, † le 13 Août.

Encalbel, Louis, Mazamet, 48e ligne caporal. *Hopital de réserve, Hanau*.

Engel, Victor, garde mobile du Haut-Rhin 1er b., 3e c. *Ambulance, Saverne*.

Enould, Jean, 46e ligne, typhus. *Erfurt*, † le 24 Octobre.

Estrand, Daniel, Montélimar, 18e ligne, phthisie, *Neisse*, † le 26 Octobre.

Ermacore, Charles. 2e inf. de marine, dyssenterie. *Cologne*, † le 15 Octobre.

Eymard, Prosper. 1er inf. de marine, dyssenterie. *Mayence*, † le 24 Octobre.

Eon, François-Marie, St-Siphard (Loire) 2e inf. de marine, dyssenterie. *Coblence*, † le 13 Octobre.

Emonet, Pierre, Estivareille (Loire), 1er zouaves, typhus. *Coblence*, † le 14 Octobre.

Eude, Jules-Clément, Paris, 1er génie, caporal, typhus. *Coblence*, † le 16 Octobre.

Eply, Charles, Gondreauges, 40e ligne. *Hopital de réserve, Ludwigslust*.

Fourrier, Victor, 2e génie, typhus. *Erfurt*, † le 14 Octobre,

Farges, Antoine, Ussel. 62e ligne, contusion à la poitrine. *Hôpital de réserve, Meiningen*

Faye, Jacq., Digost 40ª ligne, 1er b., 3e c., tambour. amputé de la cuisse gauche. *Hôpital de réserve, Ludwigslust.*

Foin, Ernest. Besançon 96e ligne. Guéri et évacué sur *Stettin*.

Fournier, François 2e zouaves, 3e b., 1re c, coup de feu à la cuisse droite. Guéri et évacué sur *Posen*.

Facon, Louis, 63e ligne, 3ª b., 3e c.. sergent. *Hôpital militaire, Coblence,* guéri.

Fournie Jean-Bapt.. Padiès (Tarn), 20ª chass. à pied, 3ª c. coup de feu à la joue gauche. *Hôpital de réserve 3, Leipzig.*

Friteau, Fougères, 48e ligne. *Hôpital de réserve, Ludwigslust.*

Ferrier. Jean, Bouzé 40ª ligne coup de feu à la cuisse. *Hôpital de réserve, Ludwigslust.*

Fontaine, Jos.. Hunqueliers, 37e ligne, coup de feu à la jambe. *Hôpital de réserve, Ludwigslust.*

Flonlaire, E., 36ª ligne, 3e b., 4e c., Évacué sur *Minden.*

Faverol, Pierre, 2e inf. de marine, 3ª b., 4e c *Hôpital militaire, Coblence.*

Flahouet, Jos., 45ª ligne 2e b., 6ª c. *Hôpital militaire, Coblence.*

Fleury, Florimond 10e chass. à pied 1re c. *Hôpital militaire, Coblence.*

Flibon, François, 4e chass. à pied, 6ª c. Évacué sur *Minden.*

Falot, Pierre, 34e ligne 6e c. Évacué sur *Minden.*

Fos, Jean-Bapt., 88e ligne. Évacué sur *Minden.*

Faggiani Marie, 3e ligne, *Ambulance, Saverne,* Évacué comme invalide.

Ferard-ben-Mozim, 1er turcos *Ambulance, Saverne.*

Ferrenbach, Jos. Rosheim (B.-Rhin), 67e ligne, 3e b., 5ª c. *Hôpital Neunkirchen.*

Fleury, Emile, 61e ligne, bronchite. *Asile Eulalie, Châlons-sur-Marne.*

Fouquart, Amable-Clém., 41e ligne, dyssenterie. *Asile Eulalie, Châlons-sur-Marne.*

Fouconnet, François, 61e ligne. *Asile Eulalie, Châlons-sur-Marne.*

Frulot, Hippolyte, 61e ligne, coup de feu au bras gauche. *Pont-à-Mousson,* † le 23 Septembre.

Fulbert, Antoine, 65e ligne, caporal, coup de feu à la cuisse gauche. *Pont-à-Mousson,* † le 9 Octobre.

Fabrègues, Etienne 72e ligne, typhus. *Posen.* † le 14 Octobre.

Farles, Pierre, 4ª artill., blessé à la jambe gauche. *Cologne,* † le 23 Octobre.

Flamond. Pierre, 93 ligne pet.-vérole. *Mayence,* † le 23 Octobre.

Fournier, Jules. 4e lanciers, typhus. *Erfurt,* † le 23 Octobre.

Fleury, S., Marquette (Nord) 61e ligne, typhus. *Posen.* † le 19 Octobre.

Fougeraux, Antoine, 50e ligne typhus, *Erfurt* † le 27 Octobre.

Floranceaux, Jean-Marie, 88e ligne. typhus. *Wesel,* † le 20 Octobre.

Faucher, Jean Vicq (Haute-Vienne), 94e ligne, typhus. *Coblence,* † le 14 Octobre

Fermignier, Pierre, La Villeneuve (Haute-Vienne), 3e cuirass., musicien. *Coblence,* † le 14 Octobre.

Forest. Claude. Chuyer (Loire) 61e ligne, typhus. *Coblence,* † le 15 Octobre,

Fremier, Jean-Bapt., Frénois (Côte-d'Or), 18ª ligne, typhus. *Coblence,* † le 18 Octobre.

Fouchet, A., Damigny (Orne), 9e artill., typhus, *Coblence,* † le 19 Octobre.

Fcin, Jean-Bapt., Valigny (Allier), 64e ligne, typhus. *Coblence,* le 19 Octobre.

Friedel, Antoine. 34e ligne, typhus. *Erfurt* † le 14 Octobre.

Favereaux, Pierre, 8e lanciers. Évacué sur *Braunschweig.*

Four, Jean, 26e ligne, 1er b., 2e c., coup de feu à la jambe. *Collège, Pont-à-Mousson.*

Friez, Pierre 27e ligne, typhus. *Cologne,* † le 24 Octobre.

Franjus, Arthur, Braye (Aisne), 10e artill., typhus. *Stettin,* † le 22 Octobre.

Fradin, François Gourgé, 46e ligne, 3e b., 3e c., coup de feu à la cuisse. *Hôpital Ludwigslust.*

François, François, Denis, 57e ligne, *Hôpital de réserve, Schwetzingen.*

Fort, Jean, Lassac, 47e ligne amputé d'un bras. *Hôpital de réserve, Schwetzingen.*

Fouet, Martin, 67e ligne, 1er b., 5e c., caporal, coup de feu à la hanche gauche. *Collège, Pont-à-Mousson.*

Félix Noël Nîmes 56e ligne, 3e b., 5e c. *Hôpital civil, Bruchsal.*

Fouelgue, Jos., 98e ligne. *Ambulance 9, Marange*

Ferrandy, Jean, Vallède, 6ª ligne, caporal, amputé de la jambe gauche. *Manufacture de tabacs, Nancy.*

Félix, Napoléon, St-Germain (Calvados), 85e ligne, coup de feu à la cuisse gauche. *Manufacture de tabacs Nancy.*

Froissieux, Eug., Vic (Ariège), 10e ligne, capitaine, coup de feu à la jambe droite, *Manufacture de tabacs, Nancy.*

Frauçois Jean, Monteux (Vancluse), 75⁰ ligne, coup de feu au bras gauche. *Manufacture de tabacs, Nancy.*

Furet, Paul, garde mobile. *Ambulance, Gonesse.*

Guilloux, Jos. Châtelier 7e ligne, fourrier *Hopital de réserve Ludwigslust.*

Gateaux, Louis, Tourquois ou Turcoing, 20e ligne. Guéri et évacué à *Stettin.*

Grosjean, Alex. Paris 50e ligne, blessé. *Hôpital de réserve, Schweitzingen.*

Goberville, Léop. Boulogne. 65e ligne, blessé. *Hôpital de réserve, Schweitzingen.*

Gayard, Jean, Aiguepe se, 98e lign⁰. *Hôpital de réserve, Schweitzingen.*

Gérard Victor-Nicolas, Saint-Etienne (Pas-de-Calais), 20e chasseurs à pied ou de ligne, 5e c., capora *Hopital de réserve 1, Leipzig.*

Guillermin, Antoine 99e ligne, 3e b., 4e c., coup de feu au bras gauche. Evacué à *Posen.*

Goubart, Jos , 5e sect. d'infirmiers milit. Evacué sur *Posen.*

Goudier, 47e ligne, 1er b , 1re c , caporal, deux coups de feu à la cuisse droite. Evacué sur *Posen.*

Goff, François, St-Brieuc 31e ligne, dyssenterie. *Hopital de réserve 1 Leipzig.*

Grapey, Edouard, 12e ligne, 3e b , 4e c.. coup de feu à la jambe gauche. *Collège à Pont-à-Mousson.*

Gorju, Louis, Alais, 56e ligne 3e b., 5e c., caporal, coup de feu à la jambe gauche. *Hôpital de rés. 2. Leipzig.*

Gyril, Jacques, Mouchière (Jura) 48e ligne, 4e b., 3e c , coup de feu à la main droite. *Hôpital de réserve 3, Leipzig.*

Giraut, Marius, Demandolx (Basses-Alpes), 3e ligne, 2e b., 5e c., coup de feu à la cuisse gauche. *Hopital de réserve 2, Leipzig.*

Gobian, Jean-Marie, Cast d'Aubles (Finistère), 78e ligne, 3e b , 1re c., coup de feu au bras droit. *Hopital de réserve 3, Leipzig.*

Gordier, Narcisse Châteauneuf, 28e ligne 1er b , Ge c., blessé. *Hopital de réserve 3, Leipzig.*

Guymarco, Pierre, Pierne, 1er ligne. Guéri et évacué sur *Posen.*

Goincy, Auguste, Langené 29e ligne, coup de feu à la cuisse. *Hôpital de réserve Schweitzingen.*

Guyot, Ch.-Léon, Andreuille. 10e ligne. Guéri et évacué sur *Stettin.*

Gaulou, Justin Maligny, 31e ligne. *Hôpital de réserve, Ludwigslust.*

Guy, Jean, Frelazen, 93e ligne. *Hôpital de réserve Ludwigslust.*

Gaignard, François, Haupert, 28e ligne, coup de feu à la mâchoire supérieure. † le 18 Octobre, *Ludwigslust.*

Gosse, Charles, Reims, 66e ligne, blessé au bras. *Hôpital de réserve, Ludwigslust.*

Gonthier Joseph, Tarans, 93e ligne, caporal, blessé au doigt. *Hôpital de réserve. Ludwigslust.*

Granet, Jean-Bapt., Malviers, 17e ligne 1er b . 6e c., blessé au doigt. *Hôpital de réserve, Ludwigslust.*

Grégois Auguste, Elbeuf 18e ligne, 3e b , 6e c , coup de feu à l'épaule. *Hôpital de réserve, Ludwigslust.*

Galbon, Pierre, 93e ligne, contusion à la tête. *Hôpital de réserve, Ludwigslust.*

Guermon Louis. St-Georges, 20e ligne. *Hopital de réserve, Ludwigslust.*

Guiseppi, Thomas, Olmeta, 7e ligne, adjudant. *Hôpital de réserve, Ludwigslust.*

Geiger, Ch.-Ed. Paris 8e artill., 10e batt.. capitaine † le 16 Septembre, *Mannheim.*

Guérin, Firmin, Moubin (Nièvre), 50e ligne, dyssenterie. † le 23 Septembre *Mannheim.*

Galène, Adolphe, Nantes, 98e ligne, 3e b , 3e c. *Hôpital de réserve, Tilsit.*

Gaudon, Baptiste, Necourt (Vosges) 4e ligne, 3e b., 6e c *Hopital de réserve, Tilsit.*

Guérinet, Charles, St-Germain (Maine-et-Loire). 98e ligne. 1er b., 2e c. *Hôpital de réserve, Tilsit.*

Giraud, Antoine, Maillac (Aude), 32e ligne, 1er b., 3e c., sergent. Où ?

Gellinger, Jean, 66e ligne. *Hôpital de réserve 1, Francf.-s/M.*

Gascuel, Claude, 73e ligne, caporal. Evacué sur *Braunschweig.*

Govin, Louis-Jos -Ant., 87e ligne Evacué à *Schweidnitz.*

Gorju, Louis, Alais, 56e ligne, caporal, coup de feu à la jambe. *Hôpital de réserve 2, Leipzig.*

Gouds, Paul, Bauquières (Gers), 6e chasseurs à pied, coup de feu à la cuisse. *Dépôt des prisonniers, Leipzig.*

Galianc, Jos., Peypin (Vaucluse), 52e ligne. blessé à la tête. Guéri et remis au *Dépôt des prisonniers, Leipzig.*

Grandmange, Paul, 20e ligne, sergent. Evacué sur *Minden*.

Grandmange, Lucien, 32e ligne, sergent-major. Evacué sur *Minden*.

Guidon, Pierre-Marie, 2e ligne. Evacué sur *Minden*.

Gremillet, Emile, 2e inf. de marine, sergent. *Ambulance de Saverne*.

Goyal, Auguste-Henri, 17e ligne. Evacué sur *Braunschweig*.

Genoni, Jules, 17e artillerie, 4e batt., coup de feu à la jambe gauche. † le 30 Octobre à *Ars-sur-Moselle*.

Gihaut, Jos., 3e génie. Evacué sur *Braunschweig*.

Glain, Célestin, Chauvigny (Vienne), 2e train artillerie, coup de feu au pied gauche *Ecole Normale, Châlons-s/M*.

Grouselle, Jos., 25e ligne, coup de feu au genou gauche. † le 15 Septembre, *Pont-à-Mousson*.

Goubeau, Théodore, 31e ligne, dyssenterie. † le 30 Septembre, *Pont-à-Mousson*.

Gouill, Louis, artill. marit., 11e batt., dyssenterie. † le 21 Septembre, *Pon'-à-Mousson*.

Guyot, Charles, 94e ligne, coup de feu à la cuisse gauche. † le 28 Septembre, *Pont-à-Mousson*.

Gastin, Pierre, 94e ligne, 3e b., 6e c. Guéri et évacué sur *Stettin*.

Glllet, Jean, 18e ligne, typhus. † le 27 Octobre, *Erfurt*.

Gernier, Louis, 7e artill., dyssenterie. † le 19 Octobre, *Spandau*.

Grellier, Simon, 33e ligne, typhus † le 18 Octobre, *Erfurt*.

Gaudin Noé, 52e ligne typhus. † le 15 Octobre, *Posen*.

Gestin, Jean, 49e ligne, typhus. † le 15 Octobre, *Posen*.

Gourfied, François, Legonchac (Corrèze). 82e ligne, typhus. † le 9 Octobre, *Posen*.

Geninet, Célestin, 31e ligne dyssenterie. † le 15 Octobre, *Cologne*.

Gandolphe, Antoine-Marius, 2e génie sergent typhus. † le 22 Octobre, *Erfurt*.

Gross, Jacques, Herlisheim (Bas-Rhin), 10e dragons, typhus † le 19 Octobre *Stettin*.

Guillot, Jos., Louvigné-du-Désert (Ille-et-Vilaine), 50e ligne, typhus. † le 19 Octobre, *Stettin*.

Gies Jacques, 1er infant. de marine, typhus † le 21 Octobre *Mayence*.

Guéry, Jos., 1er inf. de marine, typhus. † le 22 Octobre *Mayence*.

Godefroy, Auguste, Rochefort, 94e ligne, typhus. † le 11 Octobre, *Coblence*.

Gravelot, Jos.-Auguste, canton de Mortagne (Vendée), 91e ligne, dyssenterie. † le 13 Octobre, *Coblence*.

Guérin, Paul. Auxerre 1er zouaves, typhus. † le 19 Octobre, *Coblence*.

Génot, Arth.-Raph., Napoléon-Vendée, 1er zouaves, caporal typhus. † le 16 Octobre, *Coblence*.

Guillou, Jacques, Melgven (Finistère) 14e ligne, typhus. † le 17 Octobre, *Coblence*.

Gauthier, Jean, Dirac (Charente), 87e ligne, typhus. † le 15 Octobre, *Glogau*.

Girard Jean-Claude, Chazelles, canton de Saint-Galmier (Loire), 18e ligne, caporal, typhus. † le 15 Octobre *Glogau*.

Guitard, Pierre Corsac (Charente), 34e ligne, typhus. † le 16 Octobre, *Glogau*.

Gathlin ou **Cathelin**, Amplis (Indre), 37e ligne, typhus. † le 18 Octobre, *Glogau*.

Giaccobbini, Pierre-Louis 2e gren. de la garde 1er b., 6e c. *Hopital militaire, Coblence*.

Goimier, Aug., 29e ligne. *Hôpital de réserve, Schwetzingen*.

Guillot, François, Lyon 2e ligne. *Hopital de réserve, Schwetzingen*.

Gavony, Jul., 13e ligne. *Hopital de réserve, Schwetzingen*.

Gaspard Chr., Foix, 66e ligne. *Hopital de réserve, Schwetzingen*.

Germont. Adonis, 4e ligne, sergent, coup de feu à la main droite. *Collége, Pont-à-Mousson*.

Gérinot, Réné, 10e ligne, contusion au bras gauche. *Collége, Pont-à-Mousson*.

Giraud, Simon, 23e ligne, coup de feu au dos. *Collége, Pont à-Mousson*.

Grell, François-Jos., 98e ligne, sous officier. *Ambulance, Marange*.

Garnier, Jules, Nancy, 46e ligne, sergent, coup de feu à la main droite. *Manufacture de tabacs, Nancy*

Gaudin, Jules, Toul, 65e ligne, coup de feu au pied droit. *Manufacture de tabacs, Nancy*.

Grécois, François, 66e ligne, amputé des deux jambes. *Manufacture de tabacs, Nancy*.

Garey, Jos., (Meurthe), 13e ligne, sergent, coup de feu au bras gauche. *Manufacture de tabacs Nancy*

Guillieu, Antoine, (Saône-et-Loire), 70e ligne, sergent, amputé de la jambe gauche. *Manufacture de tabacs, Nancy*.

Girodot, Louis, Hennezel (Vosges), 66e ligne, coup de feu à la jambe g. *Manufacture de tabacs, Nancy*.

Gottier, Antoine, 3e voltigeurs de la garde, coup de feu à la cuisse droite. *Ambulance 2, Rombas*.

Guillaumez, Alfred, garde mobile. *Ambulance 4, Gonesse*.

Goberville, Léop., Boulogne, 65e ligne. *Hôpital de réserve, Schwetzingen.*

Holmière, Jos , 1er zouaves. *Hôpital de réserve, Dessau.* Sorti.
Huat D , Rouen, 48e ligne, musicien, blessé au côté droit. Guéri et évacué sur *Dresden.*
Hecker, Félix Rossenwiller (Bas-Rhin), 4e cuirass. *Caserne, Leipzig.*
Hamed-ben-Kassem, Alger, 1er turcos, 4e b., 6e c., blessé. *Hôpital de réserve 3, Leipzig.*
Halbin, Alcide Bréville, 40e ligne, coup de feu à la cuisse. *Hôpital, Ludwigslust.*
Harle, Jos., Etteville 70 ligne, coup de feu au doigt *Hôpital, Ludwigslust.*
Heisch Phil , Blintschwiller, 43e ligne, coup de feu à la cuisse. *Mannheim,* † le 27 Septembre.
Heffner, Alex., Strasbourg, 63e ligne, 2e b., 4e c. *Hôpital Marie, Cologne.*
Hubschwerlen, Xavier, 40e ligne, 2e b., 5e c. *Hôpital militaire, Coblence.*
Huraux Ed , Romanchamp (Vosges), 40e ligne, coup de feu à l'épaule droite. *Hôpital de réserve 2, Leipzig.*
Hurlin, Ant, (Moselle), 6e cuirass.. 4e esc. Guéri et évacué sur le *Dépôt de Dresden.*
Helber, Charles, Cant. de Barr (Bas-Rhin), 84e ligne, coup de feu au coude. *Ambulance, Novéani,* (évacué).
Hartmann, Albert, 47e ligne, coup de feu au bras. *Asile Eulalie, Châlons-s/M.*
Hensmenil, Math., 7e artill , typhus. *Asile Eulalie, Châlons-s/M.*
Heu, Magloire, 9e ligne, *Hôpital de réserve, Halle.*
Hass, François, 7e dragons, 5e esc. Guéri et évacué sur *Stettin.*
Hébert, François, 68e ligne, 1er b., 6e c., coup de feu à la cuisse g. *Collége, Pont-à-Mousson.*
Hourlier, Alex., 11e ligne, 1er b , 4e c. coup de feu à la jambe gauche. *Collége, Pont-à-Mousson.*
Hennel, Désiré, 8e artill. *Asile Eulalie, Châlons-s/M.*
Hangen, Jean, 35e ligne, coup de feu au dos. *Hôtel-Dieu, Châlons-s/M.*
Huguenin, Aug , 94e ligne, coup de feu à la jambe gauche. *Pont-à-Mousson,* † le 15 Septembre.
Hillairet, Louis, 83e ligne typhus. *Erfurt,* † le 23 Octobre.
Hellandais, Prosp.-François, 6e ligne, typhus. *Spandau,* † le 27 Octobre.
Henry, Aug.-Félix, Devillers (Vosges), 72e ligne, sergent-fourrier, typhus. *Posen,* † le 25 Octobre.
Hellé, Victoir, Salex (Vosges), 12e lanciers. anémie. *Posen,* † le 18 Octobre.
Helmer, Joseph-Désiré, 40e ligne, pneumonie. *Cologne,* † le 20 Octobre.
Herbin, Emile, chass. à pied typhus. *Cologne,* † le 16 Octobre.
Herval, Jean, Haute-Fayes (Dordogne), 72e ligne, typhus. *Posen,* † le 21 Octobre.
Hartz, Charles, Bergheim (Bas-Rhin), 18e ligne, sergent, typhus. *Coblence,* † le 12 Octobre.
Hazet, Félix, Athis (Orne), 8e chass. à pied, typhus *Coblence,* † le 20 Octobre.
Haudoste, Aug., 21e ligne, pneumonie. *Mayence,* † le 19 Octobre.
Heintz, Georges, 20e artill., pet.-vérole. *Torgau,* † le 17 Octobre.
Holtz, Al., 11e ligne, typhus, *Erfurt,* † le 12 Octobre.
Halais, Victor, Montviron, 65e ligne. *Hôpital de réserve, Schwetzingen.*
Héron, François, Morlaix, 12e ligne. *Hôpital de réserve, Schwetzingen.*
Hudry, Jean, Lyon 8e chass. à pied. *Hôpital de réserve, Schwetzingen.*
Hôte, Jos., 13e ligne, blessé à la nuque. *Collége, Pont-à-Mousson.*
Hoffer, Emile-Etienne, 28e ligne. *Collége, Pont-à-Mousson.*
Hartmann, Charles, 98e ligne, musicien. *Ambulance 9, Marange.*
Hornberger, Georges, Andolsheim (Haut-Rhin), 15e ligne, coup de feu à l'épaule gauche. *Manufacture de tabacs, Nancy.*
Hisse, François, Fécamp, 80e ligne, coup de feu à la poitrine et bras gauche. *Manufacture de tabacs, Nancy.*
Héron, François, Morlaix, 12e ligne. *Hôpital de réserve, Schwetzingen.*
Hospital, Jean-Ulysse, 47e ligne, typhus. *Cologne,* † le 24 Octobre.

Ifamont, Callac, 66e ligne, blessé. *Hôpital de réserve, Schwetzingen.*
Imbert, Jos., Nyons 53e ligne, Guéri et évacué sur *Stettin.*
Igan de Rue, 77e ligne. *Hôpital militaire, Berlin.*

Isard, Ferd., Rebourguil (Aveyron), 72e ligne. Guéri et évacué sur *Dresden*.

Iszig, Réné 21e ligne typhus. † le 16 Octobre *Spandau*.

Iverland Numa, Wuisque (P.-de-Cal.), 10e dragons, typhus. † le 20 Octobre, *Stettin*.

Isemann, Georges, Erstein (B.-Rhin), 1er artill., 9e batt., blessé à la cuisse droite. *Manufacture de tabacs de Nancy*.

Issaverdens, François, garde impér.ale. *Ambulance 4, Gonesse*.

Ibert ou **Ybert**, Jules-Ed. Hengueville, 2e train d'artill. Dépôt des prisonniers, *Meiningen*.

Jacquot, Jean-Bapt., Gommedieu (?), 77e ligne caporal. *Hôpital de réserve, Ludwigslust*.

Jouanique, François-Arm., 47e ligne, sergent. *Hôpital de réserve. Ludwigslust*.

Juranville, Dés., 64e ligne. *Hôpital de réserve, Schwetzingen*.

Junguet, Nay, 30e ligne. *Hôpital de réserve, Ludwigslust*.

Julien, Jean-Bapt., 32e ligne, contusion à la cuisse. *Hôpital de réserve, Ludwigslust*.

Jarton, Pierre Nontron, 28e ligne, coup de feu au bras droit *Hôpital de réserve, Ludwigslust*.

Joume, Toussaint, 4e (?), brig. *Hôpital de réserve, Ludwigslust*.

Jumel, Louis, Rouen, 1er génie, caporal, typhus. † le 29 Septembre, *Mannheim*.

Jouenne, Pierre-Marie, Conteville (Manche), 54e ligne, coup de feu à la cuisse. † le 4 Octobre, *Mannheim*.

Juliard, Antoine, Besse (Haute-Marne), chass. de la garde, 4e c. *Hôpital de réserve, Tilsit*.

Jaffersan, Jean-Marie, 1er turcos *Ambulance à Saverne*, évacué comme invalide.

Jann, Séraphin, Kirchberg (Haut-Rhin), 40e ligne, 1er b., 2e c. *Hôpital de Neunkirchen*.

Jacob, Jean, 67e ligne. *Hôpital de réserve 1, Cassel*.

Juillard, Célestin, 27e ligne, 1er b., 4e c., coup de feu au bras. *Collége à Pont-à-Mousson*.

Jambon, Jean, 93e ligne, blessé à l'épaule gauche. † le 30 Septembre. *Pont-à-Mousson*.

Jaquillot, Honoré, 83e ligne, typhus. † le 17 Octobre, *Erfurt*.

Jacquot, François. Mont-sur-Monnet (Jura), 6e lanciers caporal, rupturé d'un anévrisme. † le 12 Octobre, *Posen*.

Jourdan, Pierre-Marie, 7e artill., typhus. † le 20 Octobre *Cologne*.

Joubert, Valentin, 35e ligne, petite-vérole. † le 30 Octobre. *Mayence*.

Jamin, Jean-Bapt., 20e chass. à pied, typhus. † le 19 Octobre, *Spandau*.

Jagudin Aug., Montfort (Eure) 18e ligne, typhus. † le 13 Octobre, *Glogau*.

Jullien Fr.-Pierre, Avignon 3e zouaves. *Hôpital de réserve, Ludwigslust*.

Jérôme, B., Levraux, 74e ligne. *Hôpital de réserve, Schwetzingen*.

Julien, Antoine, 15e ligne, sergent, coup de feu au ventre. *Collége à Pont-à-Mousson*.

Jourdon, Stanislas, 65e ligne, caporal, coup de feu au côté gauche. *Ambulance à Novéant*.

Juvené, 3e voltig. de la garde, coup de feu à la tête. † en Octobre à *Rombas*.

Jamery, Eug., garde mobile de Paris. *Ambulance 4, Gonesse*.

Keiflin, Jacob, 8e cuirass., 3e esc. *Hôpital de réserve, Dessau*. Évacué.

Korzweg, Aug., 12e ligne. 2e b., 7e c., coup de feu à la cuisse gauche. *Hôpital de réserve, Ludwigslust*.

Kormann, Blaise (Bas-Rhin), 18e ligne. Évacué sur *Dresden*.

Kersody, Jean, Audierne, 5e chass. *Hôpital de réserve, Schwetzingen*.

Klein, Gust., Phalsbourg, 67e ligne. *Hôpital de réserve, Schwetzingen*.

Kaufmann, Maurice, Kirtzbach (Haut-Rhin), 4e chass. † le 11 Octobre, *Mannheim*.

Kadour, ben Tadessem, 1er turcos. *Ambulance, Saverne*.

Kapppel, J., Gr.-Blittersdorf (Moselle), 68e ligne, 3e b., 1e c. Évacué sur *Magdebourg*.

Kleinpeter, Michel, Strasbourg, 2e gren. de la garde, amputé de la cuisse droite. *Manufacture de tabacs, Nancy*.

Kissler, Nicolas, 61e ligne, 1er b., 1e c., coup de feu à la jambe gauche. *Collége à Pont-à-Mousson*.

Kessler, Michel, Gr.-Blidersdorf blessé par éclat de gren. *Hôpital de réserve, Schwetzingen*.

Lucas, Réné, 74e ligne. *Hopital de réserve, Meiningen.*

Léret, Jean-Marie, St Pazanne, 10e artill., 8e batt. *Hôpital de réserve, Meiningen.*

Legey, François Moselle 14e ligne. *Hopital de réserve, Meiningen.*

Lecorvec Jean-Marie, L'orient 93e ligne, caporal. *Hopital de réserve, Gœrlitz.*

Lelandais. Jean-François 18e ligne. *Hôpital de réserve, Dessau.*

Lassim Jules, Deux Sèvres, 65e ligne, 4e b., 1e c *Hopital de réserve, Ludwigslust.*

Luccioni, Jean, 57e ligne, coup de feu à l'épaule droite. *Hopital de réserve, Ludwigslust.*

Leblanc, Séraphin, 2e ligne. Guéri et évacué sur *Stettin.*

Larechey. Pierre, ?, *Hôpital de réserve, Ludwigslust.*

Laurier (?), Fél., St-Dié ou Dios, 3e ligne. Guéri et évacué sur *Stettin.*

Lafontaine, Jules Regneville (Vosges), 24e ligne, sergent, blessé au pied. *Hopital de réserve 1, Leip-zig.*

Leau, Alex., Paris 96e ligne, blessé au genou gauche. Guéri et évacué sur *Dresden.*

Levadoux, Mathieu, 77e ligne, 3e b., 4e c., coup de feu à la cuisse droite. Evacué sur *Posen.*

Léon Alex., Paris, 96e ligne, blessé au genou gauche. Dépôt des prisonniers *D esden.*

Leduc Roland, Lannion ou Lançon, 70e ligne, 1er b., 3e c., coup de feu à la cuisse gauche. *Hopital de réserve 3, Leipzig.*

Luca, Jean-Marie, 3e garde. Guéri et évacué sur *Posen.*

Latin, Joseph, Nieul, 12e ligne. *Hopital de réserve, Schwetzingen.*

Lefloch, 74e ligne *Hopital de réserve, Schwetzingen.*

Lecor, Jean, Landilier, 62e ligne. *Hopital de réserve, Schwetzingen.*

Lorel, Anatole-Fr.-Alphonse 31e ligne *Hopital de Ludwigslust.*

Lacombe Pierre-Jean, 6e ligne ou artil. Guéri et évacué sur *Stettin.*

Lutz, Jos., Dingsheim, 48e ligne. *Hôpital de Ludwigslust.*

Lys, Jules, 77e ligne, coups de feu aux deux cuisses. *Hôpital de Ludwiglust.*

Lafalive, Louis, 62e ligne, coup de feu au pied gauche. *Hôpital de Ludwigslust.*

Lecoze, Jean, 40e ligne. Guéri et évacué sur *Stettin.*

Lacombe. Julien Paris, 20e ligne. Guéri et évacué sur *Stettin.*

Laviel, Michel 47e ligne. Guéri et évacué sur *Stettin.*

Laroche Jérôme Fontainebleau, 12e ligne. *Hôpital de Ludwigslust.*

Lacaux, H., Versailles, 84e ligne, coup de feu au bras et au dos. *Hopital de Ludwigslust.*

Louis, Emile, 24e ligne, sergent, coup de feu à la cuisse droite. *Hopital de Ludwigslust.*

Lecomte, Joseph, Epinal, 2e ligne, coup de feu au dos. *Hôpital de Ludwigslust.*

Loriod, Louis, 66e ligne, 1er b., 4e c., blessé. *Hopital de Ludwigslust.*

Laubies, Anatole 21e ligne, coup de feu à la main gauche. *Hopital de Ludwigslust.*

Lemeunier, Pierre, Pont-L'Evêque, 62e ligne. *Hôpital de Ludwigslust.*

Laubert, Pierre, 8e ligne. *Hopital de Ludwigslust.*

Lambert, Aug., 31e ligne. *Hopital de Ludwigslust.*

Lagier, François Lyon, 31e ligne, sergent-major. *Hopital de Ludwigslust.*

Lecuel, Jos., Marseille garde mobile, 1er b., 6e c, sergent-major. *Hôpital de Ludwigslust.*

Lacoche François, 50e ligne, coup de feu à la poitrine. † le 10 Août à *Mannheim.*

Launay, Antoine, 76e ligne. *Hôpital de réserve, Hanau.*

Londèche, Benoît, Aulnat (P.-de-Dôme), 99e ligne 3e b., 5e c. *Hôpital de réserve, Tilsit.*

Lebaudé, J.-Ch., 54e ligne. Evacué sur *Braunschweig.*

Lexien, Jean, 46e ligne. Evacué sur *Braunschweig.*

Lecoux, Julien 6e ligne. *Hopital de réserve, Ludwigslust.*

Lebardoux, Charles, 12e ligne, coup de feu au bras droit. *Hopital de réserve, Ludwigslust.*

Laporte, A., 47e ligne, 1er b., 5e c. Evacué sur *Minden.*

Labonaventure, 3e zouaves, 1er b., 4e c. Evacué sur *Minden.*

Lenoir, Jean-Marie, 12e ligne, 2e b., 2e c., *Hopital militaire, Coblence.*

Luccioni, André, 2e ligne 2e b. 2e c. *Hôpital militaire, Coblence.*

Lecoq Victor, 8e chass. à pied, 2e c. *Hôpital militaire, Coblence.* Guéri.

Lagrellet, Pierre, 87e ligne. Evacué sur *Minden.*

Legendre, Jos., inf. de marine. Evacué sur *Minden.*

Logon, Jean-Louis, 4e zouaves. Evacué sur *Minden.*

Lormann, Jean, 26e ligne. Evacué sur *Minden.*

Leblau, Louis 8e ligne, 3e b., 2e c sergent-major. *Ambulance Saverne.*

Lecuyer, 47e ligne, 1er b., 3e c. *Ambulance, Saverne.*

Lalu, Ant.-Valentin, Craonne (Aisne), 74e ligne. *Ambulance, Wissembourg.*

Lelong, Jules 21e ligne, caporal, blessure au cou. *Asile Eulalie, Châlons.*

Loubias, Philippe, 6e chass. à p., meurtrissure au pied. *Asile Eulalie, Châlons.*

Lefébure, Edouard, 7e artill., typhus. *Asile Eulalie, Châlons.*

Limousin, Jean, 54e ligne, 1er b., 5e c. *Ambulance Saverne.*

Liberté, Adolphe, 46e ligne. *Hôpital de réserve 1, Cassel.*

Lauvret, Louis-Alfred Seine-et-Oise, 1er zouaves, 1er b., 3e c. *Hôpital de réserve, Nordhausen.* Evacué.

Laudrevont, Jos., 84e ligne. Evacué sur *Braunschweig.*

Loszack, Henri, 70e ligne. Evacué sur *Braunschweig.*

Le Claire, Jules, Morbihan, 52e ligne, 1er b., 3e c. † le 28 Octobre, *Châlons-s/M.*

Lambert, François, Flines (Nord), 96e ligne, 2e b., 3e c., coup de feu au pied droit. *Ecole normale, Châlons-s M.*

Lemann, Ach., 93e ligne, 1er b., 5e c. Guéri et évacué sur *Stettin.*

Lémann, Math., 83e ligne, 3e b., 1e c., coup de feu à la jambe droite. *Collége de Pont-à-Mousson.*

Loret, Isidore, 75e ligne, 3e b., 1e c. coup de feu au genou gauche. *Collége de Pont-à-Mousson.*

Lemoure, D., 26e ligne, 1er b., 3e c., coup de feu à la jambe gauche. *Collége de Pont-à-Mousson.*

Laguerre, Jean-Léon, 17e ligne, 1er b., 1e c., blessé au mollet et au côté gauche. *Collége de Pont-à-Mousson.*

Lebonis, Pierre-Léop., 61e ligne, dyssenterie. *Asile Eulalie, Châlons-s/M.*

Levesques, Louis, 23e ligne, blessé par éclat de grenade. *Pont-à-Mousson,* † le 24 Août.

Lievain, Eugène, 2e train des équipages, 2e c., dyssenterie. *Pont-à-Mousson,* † le 8 Septembre.

Laruelle, 94e ligne, amputé du bras gauche. *Pont-à-Mousson,* † le 12 Septembre.

Lebœuf, Louis, 23e ligne, amputé de la jambe gauche. *Pont-à-Mousson* † le 25 Septembre.

Livet, Claude, 61e ligne, coup de feu au bras gauche. *Pont-à-Mousson,* † le 29 Septembre.

Layse, Jean, 17e ligne, pet.-vér. *Pont-à-Mousson,* † le 30 Septembre.

Latzaque, Pierre 66e ligne, coup de feu au bras gauche. *Pont-à-Mousson,* † le 27 Octobre

Latapie, Bernard, 55e ligne, 3e b., 4e c. Guéri et évacué sur *Stettin.*

Lardoux, Louis-Marie, St-Grégoire (Ille-et-Vil.), 2e artill. (train), dyssenterie. *Wesel,* † le 25 Octobre.

Lavouche, Hyacinthe, 1er train, typhus. *Erfurt,* † le 25 Octobre.

Lesure, Théod., (Seine-Inf.), 96e ligne, typhus. *Glogau,* † le 18 Octobre.

Lavabre, Adrien, Verrieres (Aveyron), 72e ligne, typhus. *Neisse,* † le 17 Octobre.

Lamathe, Raphaël, 47e ligne, typhus. *Erfurt,* † le 17 Octobre.

Lamarre, Henri, 2e génie, typhus, *Erfurt* † le 17 Octobre.

Loire, (?, typhus *Cologne,* † le 18 Octobre.

Leragné, Jean, Ste-Jacques (Landes), 52e ligne, typhus. *Posen* † le 22 Octobre.

Legros Aug., St-Suzanne (Mayenne), 7e artill., typhus. *Stettin,* † le 22 Octobre.

Leroy, Jean-Marie, 21e ligne, typhus. *Erfurt,* † le 28 Octobre.

Lair, Victor 6e ligne, typhus. *Torgau,* † le 27 Octobre.

Lalèse, François. 89e ligne, pet.-vér. *Mayence,* † le 29 Octobre.

Lemineur, O.-Ernest-Xav., Charmont (Marne), garde mobile, dyssenterie. *Glogau,* † le 22 Octobre.

Lams Louis-Jos. 58e ligne, typhus. *Spandau.* † le 24 Octobre.

Levaret, Louis, Bourgon (Mayenne), 14e ligne, typhus. *Coblence,* † le 12 Octobre.

Lagarde, Bertrand, 61e ligne typhus. *Torgau,* † le 19 Octobre.

Lemonnier, Jean, 1er inf. de marine, typhus. *Mayence,* † le 20 Octobre.

Lardeux, Pierre, 58e ligne, typhus, *Erfurt,* † le 19 Octobre.

Lechent, Guillaume, Lesneven (Finistère), 50e ligne, caporal, typhus. *Stettin,* † le 16 Octobre.

Lecomte Constant, (Ille-et-Vil.), 50e ligne, typhus. *Stettin,* † le 18 Octobre.

Linsolas, Jean, Berrias (Ardèche), 2e train d'artill., typhus. *Wesel,* † le 14 Octobre.

Leson, Victor, 46e ligne, typhus. *Erfurt,* † le 13 Octobre.

Leroux, Louis-Aimé, 21e ligne. Evacué sur *Schweidnitz.*

Laloyer Jean, 11e ligné. *Hôpital de réserve, Schwetzingen.* (Guéri.)

Ledessier, L., 1er chasseurs. *Hôpital de réserve, Schwetzingen.*

Lecomte, G. 75e ligne, blessé à la jambe droite. *Collége, Pont-à-Mousson.*

Leroy, François, 1er dragons, 1er esc. *Ambulance 9. Marange.*

Lebert, Eug., Paris, 6e ligne, 2e b., 6e c., sergent, blessé à la poitrine. *Ambulance, Sarrebourg ou à la suite.*

Légal, S., 46e ligne, coup de feu à la main droite. *Manufacture de tabacs, Nancy.*

Lamazière, Jean, St-Angel (Dordogne), 10e ligne, coup de feu à l'épaule droite. *Manufacture de tabacs, Nancy.*

Leberradon, François, (Nord), 49e ligne, coup de feu au bras gauche. *Manufacture de tabacs, Nancy*

Lambige, Crispin, (Pyrénées), 67e ligne, coup de feu au bras gauche. *Manufacture de tabacs, Nancy*

Ladaste, Jean, 72e ligne. *Manufacture de tabacs, Nancy.*

Lehaye, Eug., Paris, garde mobile. *Ambulance, Gonesse.*

Letand, Anatole, Pont-sur-Yonne, 20e chass. à pied, 4e c., amputé des deux mains. *Manufacture de tabacs, Nancy.*

Le Duc, Jean-Louis, (Morbihan), 10e ligne, *Hôpital de réserve 1, Francfort-sur-le-Mein.*

Lieubaut, Jean, Paris, 74e ligne. *Hôpital de réserve, Schwetzingen.*

Lebornin, François, 67e ligne, 1er b., 2e c., coup de feu à la jambe g. *Collège, Pont-à-Mousson.*

Maréchal, Camille, Celles, 3e lanciers, 1er esc. *Hôpital de réserve, Meiningen.*

Marchand, Pierre-Jos., Nord, 4e ligne. *Hôpital, Ludwigslust.*

Marchand, François, Poitiers, 50e ligne. *Hôpital de réserve, Schwetzingen.*

Minont, Alex., Paris, 16e génie, pontonnier, coup de feu au bras gauche et à la main droite. *Evacué sur Dresde.*

Moulin, Pierre, Lauzanne (Haute-Loire), 73e ligne, coup de feu au haut de la cuisse. *Guéri et évacué sur Dresden.*

Marchand E.-M.-B., Belleroche (Loire), 18e ligne fièvre † le 22 Octobre, *Leipzig.*

Morge, Jean, Euval (P.-de-Dôme), 68e ligne. *Caserne, Leipzig.*

Martin, Louis, Montreuil, 47e ligne, † le 25 Octobre. *Leipzig.*

Mercier, Louis, Nolleval (Seine-Inf.). 96e ligne, caporal, coup de feu à la cuisse gauche. *Guéri et évacué sur Dresden.*

Moutier, Jean-B., Pouchet, 16e artill. *Guéri et évacué sur Dresden.*

Méloud ben Ralfa, 2e turcos, 1er b., 5e c., coup de feu à la poitrine. *Evacué sur Posen.*

Mohamed ben Mezian, 3e turcos, 2e b, 4e c. *Evacué sur Posen.*

Merclé, Louis, 57e ligne. *Hôpital de réserve, Schwetzingen.*

Masse, J., Edainviller, 42e ligne. *Hôpital de réserve, Schwetzingen.*

Marier, Pierre, 3e ligne. *Hôpital de réserve, Schwetzingen.*

Martin, L.-Fr., 33e ligne, amputé d'un pied. *Hôpital de réserve, Schwetzingen.*

Marimbourg, Jean, 98e ligne. *Hôpital de réserve Schwetzingen.*

Matheudy, Louis, 13e ligne. sergent. *Hôpital de réserve, Schwetzingen.*

Morin, Louis, 2e ligne. *Hôpital Ludwigslust.*

Meyer, Jos., 31e ligne, sergent-major. *Hôpital, Ludwigslust.*

Mohamed ben Dagmed, Dellys, 1er turcos. *Hôpital, Ludwigslust.*

Mohamed ben Amed, Tenez, 1er turcos. *Hôpital, Ludwigslust.*

Mohamed ben Mehemed Blidah, 1er turcos, sergent. *Hôpital, Ludwigslust.*

Mohamed ben Amed, Djelfa, 1er turcos, 3e b., 3e c. *Guéri et évacué sur Stettin.*

Michel, Antoine, 25e ligne, contusion au dos. *Hôpital, Ludwigslust.*

Maignant, Désiré, Nogent-le-R., 2e ligne. *Guéri et évacué sur Stettin*

Marty, Jos., 3e ligne, *Hôpital, Ludwigslust.*

Marant, H., Hazebrouck, 77e ligne, sergent-major, coup de feu aux deux cuisses. *Hôpital, Ludwigslust.*

Montois, Pierre, Cobrieux, 2e ligne, coup de feu au bras. *Hôpital, Ludwigslust.*

Magaux, Mathieu, Haussefort, 17e ligne. *Hôpital, Ludwigslust.*

Menge, Louis, 28e ligne. *Guéri et évacué sur Stettin.*

Muller, Ed., Paris, 4e? *Hôpital, Ludwigslust.*

Merle, Jules, St-Jean-B., 47e ligne. *Hôpital, Ludwigslust.*

Maurice, Honoré, 47e ligne. *Guéri et évacué sur Stettin.*

Michaud, Désiré, Lille, 50e ligne, blessé à la poitrine. † à *Mannheim*, le 6 Août.

Marseillon, Thomas Vaucluse, 32e ligne, coup de feu à la cuisse. † le 8 Septembre, *Mannheim*.

Meuner, Jean, 54e ligne, coup de feu à la cuisse. † le 2 Octobre, *Mannheim*.

Messeaut, Adolphe, Armentières (Nord), 76e ligne. *Hopital de réserve, Hanau*

Monteny, Louis Courtelevant, 36e ligne. *Hopital de réserve, Hanau.*

Méléque, Léon Assaingrenillers, 3e gren. de la garde. *Hopital de réserve, Tilsit.*

Mallet J., Rouen, 78e ligne, 4e b., 3e c. *Hopital de réserve, Tilsit.*

Mathurin, Rich., 2e turcos. *Hopital de réserve, Tilsit.*

Mohamed ben Baba, Alger, 2e turcos *Hopital de réserve, Tilsit.*

Menard, Félix, 64e ligne. caporal. Evacué sur *Braunschweig*.

Magniaud, Jos., 17e chass. à pied. Evacué sur *Braunschweig*.

Martin, J.-M , 4e inf. de marine. Evacué sur *Braunschweig*.

Monferrant. Dom., Guizaigues, 17e ligne, blessé à la tête. Guéri et évacué sur *Stettin*.

Morain, Zeph.-Dom., 87e ligne. Evacué sur *Schweidnitz*.

Massip, François, 2e train d'artill. *Hopital de réserve, Géra.*

Massoz, Aug., 36e ligne, 3e b., 2e c., caporal. Evacué sur *Minden*.

Marin Louis, 27e ligne, 2e b., 4e c. *Hopital militaire, Coblence.*

Mahé, Louis, 93e ligne 1er b., 3e c. *Hôpital militaire, Coblence.*

Mehl, Jean-Pierre, 34e ligne, 1er b., 6e c. *Hopital de réserve, Mersebourg.*

Muraine Jacq., 13e ligne. Guéri et évacué sur *Minden*.

Maurice, Jos , 6e ligne. Guéri et évacué sur *Minden*.

Marie, Jos., 3e cuirassiers, 4e esc. *Ambulance. Saverne.* Evacué comme invalide.

Mohamed ben Djelloul, 1er turcos 3e b., 2e c. *Ambulance. Saverne.*

Muller, Jacob, 2e dragons, 3e esc. *Ambulance, Saverne.*

Malivère, Jos., 64e ligne, 2e b., 2e c. *Ambulance, Saverne.*

Martin, Marius, 28e ligne, 1er b., 3e c. *Ambulance, Saverne.*

Micot, Louis, 3e génie. *Ambulance, Saverne.*

Mansour ben Mohamed, Alger, 2e turcos. *Ambulance, Wissembourg.*

Maillard, Marc-Ernest, Veauville, 10e chass. à p., sergent, pet.-vérole. *Hôpital de la Charité, Berlin.*

Marbonnet, François, 61e ligne, sergent, coup de feu au mollet. *Asile Eulalie, Châlons-s/M.*

Marie, Alphonse, train des équip., typhus. *Asile Eulalie, Châlons-s./M.*

Mardi, François, 34e ligne. *Hopital de réserve 1, Cassel.*

Morsau, Gustave, 2e zouaves. Evacué sur *Braunschweig.*

Magne, A., 2e train d'artill. Evacué sur *Braunschweig.*

Moret, Emile, (Var), 21e ligne, 3e b., 3e c., coup de feu au pied droit. *Ecole norm , Châlons-s/M.*

Millot, Alex, Athesans (H.-Saône), 1er génie, 8e c., sergent, coup de feu à la cuisse gauche. *Ecole norm. Châlons-s/M.*

Marchlidon, Pierre, (Indre), 47 ligne, 3e b., 1re c., coup de feu au mollet d. *Ecole norm., Châlons-s/M*

Müller, Henri, 23e ligne, 2e b., 2e c. Guéri et évacué sur *Stettin*.

Meunier, Aug., 3e chass. à pied. Guéri et évacué sur *Stettin*.

Marcon Michel, 67e ligne, 3e b., 4e c., coup de feu au genou gauche. *Collége, Pont-à-Mousson.*

Magnol, Simon, 64e ligne, 3e b., 2e c., blessé à la cuisse gauche. *Collége, Pont-à-Mousson.*

Marillier, Georges, 67e ligne, 1er b , 3e c. coup de feu au pied droit. *Collége, Pont-à-Mousson.*

Menegar, François, 11e ligne, coup de feu au bras gauche et aux pieds. *Collége, Pont-à-Mousson.*

Mangin, Aug., 65e ligne, 1er b., 3e c. *Collége, Pont-à-Mousson.*

Masse, Jean, 64e ligne, 3e b., 6e c., coup de feu au pied droit. *Collége, Pont-à-Mousson.*

Mignot, Alfred, 1er ligne, typhus. *Asile Eulalie, Châlons-s/M.*

Moquais, Réné-François, 49e ligne, caporal, typhus. *Asile Eulalie. Châlons-s/M.*

Michel, Jos. 3e chass. à pied, dyssenterie. *Asile Eulalie, Châlons-s/M.*

Manon, Augustin, 12e ligne, coup de feu au genou droit. *Pont-à-Mousson,* † le 12 Septembre.

Mounier, Louis, 19e chass. à pied, 1re c., coup de feu au côté gauche. *Pont-à-Mousson,* † le 18 Sept.

Minetray, Barth., 91e ligne, coup de feu au genou gauche. *Pont-à-Mousson,* † le 21 Septembre.

Marchaland, Vincent. 67e ligne, coup de feu au front. *Pont-à-Mousson,* † le 27 Septembre.

Morell, O., 66e ligne, 1er b., 2e c., tambour. Guéri et évacué sur *Stettin.*

Marcelin, Marc, 91e ligne, 3e b., 5e c. Guéri et évacué sur *Stettin.*

Midule, Jean-Georges, 13e chass. à pied, infl. de la gorge. *Glogau,* † le 26 Octobre.

Maras, Georges, 3e turcos, sergent, typhus. *Cologne*. † le 9 Octobre.

Martain, Aug., 68e ligne, dyssenterie. *Cologne*, † le 12 Octobre.

Malher, Jacques, 14e artill. typhus. *Erfurt*, † le 18 Octobre.

Mailly, Bapt., 1er inf. de marine, typhus. *Mayence*. † le 17 Octobre.

Maître, Charles, Verneuil (Seine-et-Oise). 1er lanciers, brigadier, typhus. *Posen*. † le 14 Octobre.

Moine, Jean-Pierre, 47 ligne, typhus. *Cologne*, † le 19 Octobre.

Mondégout (?), typhus. *Cologne*, † le 17 Octobre.

Meyer, Jean, 2e ligne, typhus, *Cologne*, † le 12 Octobre.

Martin, Jean, 31e ligne, typhus. *Cologne*, † le 15 Octobre.

Marchand, Pierre, 7e artill., typhus. *Cologne*, † le 16 Octobre.

Matgogne, Michel, 59e ligne, pet.-vérole, *Mayence*, † le 24 Octobre.

Martin, Michel, 47e ligne, dyssenterie. *Mayence*, † le 25 Octobre.

Massat, François, (Ariège). 17e ligne, typhus. *Posen*, † le 22 Octobre.

Manet, Jean, (Dordogne), 72e ligne. typhus. *Posen*, † le 21 Octobre.

Massalier Antoine, (Loire), 89e ligne, pneumonie. *Posen*, † le 22 Octobre.

Morin, Prosper, (Manche), 2e chass. à pied, typhus. *Stettin*, † le 19 Octobre.

Marchand, Jean, (Loiret), franc-tireur, typhus. *Stettin*, † le 22 Octobre.

Maricot, Aug., (Seine-et-Marne), 14e ligne, musicien, typhus. *Coblence*, † le 13 Octobre.

Maisonneuve, Jean-Bapt.-Prudent, (Seine et-Marne), 14e ligne typhus. *Coblence*, † le 16 Octobre.

Marlin, Edouard-Alex., St-Gobain (Aisne), 1er zouaves, typhus. *Coblence*, † le 19 Octobre.

Mathon, Jos, 8e artill., typhus. *Mayence*, † le 21 Octobre.

Marchand, Antoine, 4e chass à pied caporal, typhus. *Erfurt*, † le 19 Octobre.

Martin, Jean-Jos., (Hérault), 1er hussards, typhus. *Stettin*, † le 12 Octobre.

Moisson, François, (Calvados), 1er chass. à pied, typhus. *Stettin*, † le 16 Octobre.

Magret, François, (Loire-Inf.), 52e ligne, typhus. *Wesel*, † le 14 Octobre.

Martin, Félix, 2e génie, 5e c. typhus. *Erfurt*, † le 11 Octobre.

Mercier, Pierre, 47e ligne, typhus, *Mayence*, † le 14 Octobre.

Margueritte, Fortuné (Orne), 1er inf. de marine, typhus, *Glogau*, † le 16 Octobre.

Maillard, Auguste, 47e ligne. *Ambulance, Wissembourg*.

Mathieu, Jean, Salles, 93e ligne. *Hopital militaire, Schwetzingen*.

Masart, Math., Monistrol, 50e ligne. *Hopital militaire, Schwetzingen*.

Mouly, Jean, chass à pied, 5e c., clairon, coup de feu au pied gauche. *Collége Pont-à-Mousson*.

Marchalland, H.-A., 26e ligne, 3e b., 4e c, coup de feu à la jambe droite. *Collége, Pont-à-Mousson*.

Martiny, Henri, 1er ligne, 4e b., 4e c, éclat de grenade à la cuisse gauche. *Collége, Pont-à-Mousson*.

Montpert, Jean, 93e ligne, 1er b, 1re c. coup de feu à la poitrine. *Collége, Pont-à-Mousson*.

Mistral, Jean-Ant., 15e ligne, sergent blessé à la jambe droite. *Collége. Pont-à-Mousson*.

Marrie, Puissant, 62e ligne, 1er b, 5e c., éclat de grenade au bras gauche. *Collége, Pont à-Mousson*.

Mallet, Xavier, 53e ligne, coup de feu au genou. Évacué sur *Novéant*.

Miraubeau, Hippolyte, 1er drag. 1er esc. *Ambulance 9, Marange*.

Morisseau, Jean 98e ligne, sapeur. *Ambulance 9, Marange*.

Milou, Casimir, 98e ligne. *Ambulance 9, Marange*.

Maradènes, Jean, 98e ligne. *Ambulance 9, Marange*.

Marcelin, L , (Nord), 38e ligne. *Hôpital militaire, Nancy*.

Mèche, François, St-Calais, 12e ligne, amputé au bras droit. *Manufacture de tabacs, Nancy*.

Minné, Octave, (Somme), 26e ligne, amputé à la jambe gauche. *Manufacture de tabacs, Nancy*.

Nicolas, Louis, Quimper, 2e ligne, caporal, dyssenterie. *Hopital de réserve, Ludwigslust*.

Nadeau, Jean, 34e ligne, 3e b., 2e c. *Hopital de réserve, Mersebourg*.

Narbay, Jacques ou Ferdinand Dax, 77e ligne, coup de feu à la jambe gauche. *Hopital à Ludwigslust*.

Nuz, Franç.-L., Plougouven, 63e ligne, 3e c. sergent, coup de feu à la cuisse gauche. *Hopital à Lud-wigslust*.

Noyer, Robert, Paris, 26e ligne, 2e b., 6e c. *Hopital de réserve, Tilsit*.

Noël, Michel, 56e ligne. Guéri et évacué à *Dresden*.

Nancey, Marcel. 84e ligne, coup de feu à la cuisse gauche. † le 14 Septembre, *Pont-à-Mousson*.
Noblet, Alcide, 1er inf. de marine, typhus. † le 18 Octobre, *Mayence*.
Narcis, Jean, 15e ligne. *Hopital militaire, Schwetzingen*
Nicolas, Jean, 75e ligne 3e b. 1e c., coup de feu à la jambe gauche. *Collége, Pont-à-Mousson*.
Nicolas, Joseph, 98e ligne. *Ambulance 9, Marange*.
Naté, Jean-Pierre, Historff (Moselle), 1er ligne amputé au bras gauche *Manuf. de tabacs Nancy*.

Ollier, Jean, St-Bonnet, 19e ou 79e ligne. *Hopital de réserve, Meiningen*. Evacué comme prisonnier.
Osset, Jules, Paris, 40e ligne, caporal. Guéri et évacué à *Stettin*.
Ollivier, Victor-Jos., Largentière (Ardèche). 18e ligne. *Hôpital de réserve 1, Leipzig*.
Ogeard, Pierre, 10e ligne. Evacué sur *Minden*.
Odobel, Charles, 57e ligne, 2e b., 6e c. *Ambulance à Saverne*.
Ougenard, Eugène, 5e lég. étrang. *Asile Eulalie, Châlons-s M.*
Ollivier, Jean, 68e ligne, coup de feu au pied gauche. *Pont-à-Mousson*. † le 23 Octobre.
Otog, Jean Bapt., 67e ligne, 3e b. 3e c. Guéri et évacué sur *Stettin*.
Oswald, Henri 8e artill 5e batt., éclat de grenade au bras droit. *Collége, Pont-à-Mousson*.

Polère, Félix, 19e ligne, 3e b., 1e c. Guéri. *Hopital, Ludwigslust*.
Perron, Simon, Boze 23e ligne, 1er b., 3e c., amputé d'une jambe. *Hopital, Ludwigslust*.
Piolaine, Jean, Paris, 2e ligne, caporal. Guéri et évacué sur *Stettin*.
Paquotte, Louis, Hertzing, 6e cuirassiers. *Hopital Ludwigslust*.
Poussineau, Jean, 8e lanciers. *Hopital, Ludwigslust*.
Perrisac, S., Corrèze, 36e ligne, amputé de 2 doigts. Guéri et évacué sur *Dresden*.
Picard Paul, Paris, 83e ligne, caporal. *Hôpital de réserve 1, Leipzig*.
Perret, Jos., St-Etienne-du-Bois. 6e artill, 10e batt. *Hopital, Ludwigslust*.
Poussin, Paul, Maillercy, 2e ligne. *Hôpital, Ludwigslust*.
Patris, Eug., Bar-le-Duc, 66e ligne, caporal, coup de feu à la cuisse. *Hopital, Ludwigslust*.
Piscart, Jos., 28e ligne, coup de feu au doigt. *Hopital, Ludwigslust*.
Pekmayer, Jean, 11e ligne, éclat de grenade au bras droit. *Hopital, Ludwigslust*.
Plumasson, Ant., Brassac-les-Mines, 12e ligne, coup de feu à la jambe droite. *Hopital. Ludwigslust*.
Plessard, Alex., Gr.-Pressigny, 94e ligne. *Hopital, Ludwigslust*.
Pierre, Marie, Melcasse (Nord), 15e ligne, coup de feu à l'épaule. † le 27 Septembre, *Mannheim*.
Pouzache, Ernest, Largentière, 22e ligne. *Hopital de réserve. Hanau*.
Prosper, Ursin, Pont-Melange, 62e ligne, caporal. *Hopital de réserve, Hanau*.
Paul, Charles, 23e ligne. *Hôpital militaire. Berlin*.
Petit, Michel, St-Bricou (Loire), 64e ligne. 2e b., 6e c. *Hôpital de réserve, Tilsit*.
Pradelle, Barth., Albi (Tarn), 43e ligne, 3e b., 5e c. *Hôpital de réserve, Tilsit*.
Parpalti, V., Carignan, 63e ligne, sergent-major, coup de feu au bras. *Hopital, Ludwigslust*.
Pélé, Jos., Combourt (?), 24e ligne, coup de feu à la cuisse droite. *Hopital Ludwigslust*.
Penard, Th., Aubigny, 19e ligne. *Hoppenheim*.
Porichinot, 7e ligne, blessé à la tête. † le 3 Septembre, *Gravelotte*.
Pilléon, François, 30e ligne. 1er b., 6e c. *Hopital Marie, Cologne*.
Plantier, Virgile, 66e ligne, 2e b., 3e c., caporal. *Hopital Marie, Cologne*.
Piquet, Joseph, Ste-Marie, 63e ligne, 2e b., 2e c. *Hopital Marie, Cologne*.
Poissant, R., 51e ligne, caporal. Guéri. *Hôpital de réserve Géra*.
Penct, Louis, 18e ligne, 1er b., 4e c. Evacué sur *Minden*.
Perrin, Henri, 1er zouaves. 1er b., 3e c. Evacué sur *Minden*.
Peyrelade, François, 66e ligne, 2e b., 3e sergent. *Hopital militaire Coblence*.
Perrot, Charles, Montmorillon, 96e ligne, coup de feu à la main. Guéri. Dépôt des prisonniers, *Dresde*.
Peron, Jean, 28e ligne. Evacué sur *Minden*.
Pomme, Louis-Pierre, 47e ligne. Evacué sur *Minden*.

Pessau, Jos., 20e ligne. Evacué sur *Minden*.

Parisot, Philibert, 63e ligne. Evacué sur *Minden*.

Poitin, Charles, 56e ligne. Evacué sur *Minden*.

Pital, Paul-Jacques, 3e ligne. Evacué sur *Minden*.

Puycouyol, Louis 96e ligne. *Ambulance à Saverne*.

Pinson, Pierre, 96e ligne. *Ambulance à Saverne*.

Pasco, Jean, Sougon (Charente), 87e ligne. *Ambulance de Wissembourg*.

Point, Alfred, 12e chass. à ch., coup de sabre à la tête. *Asile Eulalie, Châlons-s/M*.

Poirier, V., 8e ligne. *Ambulance à Saverne*.

Paulier, Jos., 85e ligne, 2e b., 8e c. *Ambulance, Saverne*.

Pruneau, Aug., 63e ligne, 3e b., 3e c. *Ambulance, Saverne*.

Paul, J.-Bapt., garde mobile, 2e b., coup de feu à l'épaule droite. *Hopital de réserve, Cassel*.

Poirier, Jean-Louis, 1er chass. à p., 3e c. Evacué sur *Braunschweig*.

Payan, Jacques, 45e ligne. Evacué sur *Braunschweig*.

Perrien, Jos.-Mar., 17e chass. à p, 7e c. Evacué sur *Braunschweig*.

Pothier, Jean, 45e ligne. Evacué sur *Braunschweig*.

Prince, Louis, 6e chass. à ch., 4e esc., brig. Evacué sur *Braunschweig*.

Pottier, Hippolyte, Somme, 21e ligne. *Ecole normale, Châlons-s/M*.

Petit, Armand, 8e ligne, éclat de grenade à la hanche gauche. *Collége, Pont-à-Mousson*.

Polge, Aug., 1er zouaves coup de feu au pied droit. *Collége, Pont à-Mousson*.

Pinguet, Etienne, 79e ligne, 2e b. 6e c. *Collége, Pont à-Mousson*.

Peyrat, Louis, gendarmerie. *Collége, Pont-à-Mousson*.

Poussin, Paul, 1er lanciers, brig. *Asile Eulalie, Châlons-s/M*.

Petit, Emile, 68e ligne. *Asile Eulalie, Châlons-s/M*.

Pière, Renard, Clamart, civil, maladie des pieds. † le 29 Septembre, *Ambulance d'Epernay*.

Perrot, Emile, 94e ligne, caporal, blessé à la poitrine. † le 29 Août, *Pont-à-Mousson*.

Panjon, Bernard, 32e ligne, coup de feu à la cuisse droite. † le 8 Septembre, *Pont-à-Mousson*.

Perrier, Pierre, 68e ligne coup de feu au bras gauche. † le 18 Septembre, *Pont-à-Mousson*.

Pelissier, Pierre, 8e cuirassiers (?) 4e esc., coup de feu au genou gauche. † le 27 Septembre, *Pont-à-Mousson*.

Plon, Ant., 91e ligne, 3e b., 2e c. Guéri et évacué sur *Stettin*.

Palluet, Paul, Savoie, 96e ligne, typhus † le 25 Octobre, *Glogau*.

Pennot, Louis, Arçon (Cher), 45e ligne, typhus. † le 25 Octobre, *Glogau*.

Pitoncier, Sylvain, St-Martin-le-Beau (Indre-et-Loire). 6e cuirassiers typhus. † le 27 Octobre, *Posen*.

Piganiol, Adrien, 97e ligne, typhus. † le 25 Octobre, *Erfurt*.

Prade, Jean, 82e ligne, typhus. *Cologne*, † le 10 Octobre.

Pouilly, Claude, 60e ligne, coup de feu au mollet. *Cologne*. † le 12 Octobre.

Pinaud Antoine, 6e ligne, dyssenterie. *Spandau*, † le 17 Octobre.

Pillioud, Marie-François, 9e ligne, dyssenterie. *Cologne*, † le 19 Octobre.

Prosper, Mathieu, chass. à pied, dyssenterie. *Cologne*, † le 24 Octobre.

Paul, Nicolas, 2e artillerie, typhus. *Cologne*, † le 14 Octobre.

Pautreuil, A., 2e inf. de marine, typhus. *Cologne*, † le 15 Octobre.

Presles, Louis, 4e artillerie, typhus. *Cologne*, † le 15 Octobre.

Pariset Guillaume, Sennecey-le-Grand, 61e ligne caporal, fièvre gastrique. *Posen*, † le 24 Octobre.

Poncet, Cyrille, Evron (Ain), 10e dragons pneumonie, *Stettin*, † le 20 Octobre.

Poullain, Jean-Baptiste, 7e artillerie, typhus *Mayence*, † le 22 Octobre.

Pierre, Marie-Joseph, (Vosges), 4e cuirass., typhus. *Coblence*, † le 17 Octobre.

Perrin, Jos., garde mobile, artill., 2e batt., pet.-vérole. *Glogau* † le 20 Octobre.

Pache, Alphonse, 11e ligne, typhus, *Erfurt*, † le 18 Octobre.

Perrot, Em. 34e ligne, typhus, *Erfurt*, † le 18 Octobre.

Paillard, Elie-Victor, 8e artillerie, dyssenterie. *Spandau*, † le 19 Octobre.

Poirier, Joseph, (Ardèche), 7e ligne, typhus. *Stettin*, † le 13 Octobre.

Pichon, Jean-Baptiste, 7e artillerie, typhus *Erfurt*, † le 24 Octobre.

Pailler, P., Nevers, 50e ligne, paralysie de la main. *Hopital de réserve, Schwetzingen*.

Perdelot, 10e ligne, 3e b., lieutenant, coup de feu au ventre, à la poitrine, au bras et à la tête. *Roncourt*, † le 20 Août.

Puttchy, Edgard, 4e cuirass. 2e esc. *Collége. Pont-à-Mousson.*
Pinnet, Pierre, 93e ligne, coup de feu au genou. *Collége, Pont-à-Mousson.*
Petit, François. 13e ligne, 3e b.. 4e c., coup de feu au genou et à la poitrine, *Verneville*, † le 18 Oct.
Pouquet Jean 98e ligne, *Ambulance 9. Marange.*
Patard, Alphonse, 2e hussards, 4e esc., sergent. *Ambulance 9, Marange.*
Perdoux, Martin, (Creuse), 28e ligne coup de feu au côté gauche. *Manufacture de tabacs, Nancy.*
Parmentier, Jean-B.. Calais, 51e ligne, coup de feu aux deux jambes. *Manufacture de tabacs, Nancy.*
Petit, Etienne, (Nièvre), 12e ligne, coup de feu à la jambe gauche. *Manufacture de tabacs. Nancy.*

Quenin, Antoine, 13e ligne. 3e b., 5e c , coup de feu à la cuisse droite. *Ars-sur-Moselle*, † le 21 Oct.
Querbe, Jean, 67e ligne, 3e b , 3e c., coup de feu à la cuisse gauche. *Collége, Pont-à-Mousson.*
Quintane, Pierre, 31e ligne, typhus. *Cologne*, † le 12 Octobre.
Quartier, Augustin, 64e ligne, caporal, amputé du pied droit. *Collége, Pont-à-Mousson.*

Rambour, Gabriel-François, Paris, 49e ligne, caporal. *Hopital Me ningen.* (Evacué comme prisonnier.)
Roubertie, Simon, St-Innocent, 10e sect. d'admin , *Hopital. Meiningen,* (Evacué comme prisonnier.)
Raison, Félix, Pagnoz, 51e ligne, sous-officier, contusion à la jambe. *Hôpital de réserve, Francfort-sur-Oder.*
Rousset, Gaspard, Tamary, 24e ligne, 3e b. 4e c., blessé. *Hopital Ludwigslust.*
Rousse, Emile. 3e ligne. Guéri et évacué sur *Stettin.*
Reymond, Aug. Valence, 1er chass. à pied, 2e c. *Hôpital, Ludwigslust.*
Restou, Aimable, Vire, 3e zouaves. *Hôpital, Ludwigslust.*
Rousseau, R., Méral, 29e ligne. *Hopital militaire, Schwetzingen.*
Richard, Pierre-Henri, Langres 68e ligne, caporal. *Hôpital de réserve 1, Leipzig.*
Renaud, Jos.-Aloys, Fleville, 3e grenadier de la garde sergent. *Hôpital de réserve 1, Leipzig.*
Roussely, Edouard, Paris 18e ligne, éclat de grenade au côté droit. Guéri et évacué sur *Dresden.*
Renaudier, Jean-Ant , Chazeau (Loire), coup de feu au bras gauche. Guéri et évacué sur *Dresden.*
Richard, Pierre-Henri, Brevoine (H.-Marne), 68e ligne, caporal. *Hôpital de réserve 1, Leipzig.*
Royer. Jean-Marie, 30e ligne. Guéri et évacué sur *Stettin.*
Roux, Germain, Castelnaudary, 93e ligne. *Hôpital, Ludwigslust.*
Rousseau, Eugène, Nevers. 24e ligne, coup de feu aux deux cuisses, *Hôpital, Ludwigslust.*
Reynaud C., Carnoules, 3e ligne. Guéri et évacué sur *Stettin.*
Ripard, Aug., Champraux 73e ligne, blessé au doigt. *Hôpital, Ludwigslust.*
Rauc, Frédéric, 70e ligne, caporal, contusion au dos *Hôpital, Lndwigs'ust.*
Rigaul, Marc, 28e ligne, perte de 4 doigts de la main gauche. *Hopital, Ludwigslust.*
Rocher, Jean, Viaudin, 66e ligne, blessé à la jambe et à la cuisse. *Hôpital, Ludwigslust.*
Ruault, Jacq , Chapelle, 10e ligne, coup de feu à l'épaule gauche. *Hôpital, Ludwigslust.*
Ricci, Louis, 23e ligne, coup de feu à l'épaule gauche. *Hôpital, Ludwigslust.*
Robert, Pierre, St-Ire (Vienne). 68e ligne, blessé à la main. *Mannheim*, † le 8 Octobre.
Rocher, Victor, Vienne, 17e ligne, typhus. *Mannheim* † le 30 Octobre.
Rœsch, Andréas, 74e ligne. *Hôpital de réserve, Hanau.*
Robin, Jean, (Charente), 70e ligne. *Hôpital de réserve, Tilsit.*
Ravenal Gust., Rosselange (Moselle), 6e ligne, caporal. *Hôpital de réserve 1, Francfort-sur-le-Mein.*
Roblin, Jean, Bourchey, 1er ligne, blessé à la machoire inf. *Hôpital, Ludwigslust.*
Rospiller, François, Fressain, 11e ligne, blessé au doigt. *Hopital, Ludwigslust.*
Richard, Hippolyte, Arecourt (Meurthe), 60e ligne, coup de feu au ventre. † le 21 Août à *Gravelotte.*
Rebierre, Pierre, Villars, 2e ligne, 1er b., 6e c. *Hopital Marie Cologne.*
Roche, Pierre, Lubars (H.-Loire), 2e zouaves, éclat de grenade à la tête. Guéri. Au dépôt des prisonniers, *Dresden.*
Rabas-ben-Silar, 2e turcos. Evacué sur *Minden.*
Rodier, Octave, 67e ligne, caporal. Evacué sur *Minden.*

Riegne, Jacq., 72e ligne. *Ambulance, Wisssembourg.*

Renckly, D., Wattwiller (H.-Rhin), 73e ligne, coup de feu au coté g. *Ambulance, Novéant.* (Evacué).

Relly, Dagobert-Emile, 82e ligne, *Ambulance, Saverne.*

Royal. Jules, 67e ligne, caporal. Evacué sur *Braunschweig.*

Reiffinger, Charles, Mulhouse, 93e ligne, 2e b., 4e c., capitaine, coup de feu à la jambe. *Hopital St-Charles, Pont-à-Mousson.*

Roderer, Paul, Ersheim, 3e chass., sous-lieut., coup de feu à l'épaule. Renvoyé dans ses foyers comme invalide.

Richard, François. (Eure-et-Loire) 5e artill., 3e b. *Hopital de réserve, Nordhausen.* (Evacué.)

Richer, Claude, Paris, 74e ligne lieutenant *Ambulance. Wissembourg.*

Ragot, Louis, 46e ligne. Evacué sur *Braunschweig.*

Reininger, Michel, (B.-Rhin), 99e ligne, 2e b.. 5e c., coup de feu au pied gauche. *Ecole normale, Chálons s/M.*

Rinkenbach, Emile. 23e ligne adjudant, trois blessures à la cuisse gauche. *Collége, Pont-à-Mousson.*

Robardet, Hippolyte 12e chass. à pied, 4e c., sergent-major. coup de feu à la jambe gauche. *Collége, Pont-à-Mousson.*

Robert, Jos., 30e ligne, dyssenterie. *Pont-à-Mousson,* † le 23 Septembre.

Rivoilaz, Jean, 62e ligne, coup de feu à la cuisse droite. *Pont-à-Mousson,* † le 19 Octobre.

Rallon, Pierre, 17e chass. à pied. *Erfurt,* † le 25 Octobre,

Rivet, Jean, 47e ligne, dyssenterie. *Cologne.* † le 24 Octobre.

Resombes, Jean, 4e lanciers typhus. *Cologne,* † le 25 Octobre.

Reynaldi ou **Raynaly**, Pierre. 31e ligne typhus. *Cologne* † le 13 Octobre.

Rées, 26e ligne typhus, *Erfurt,* † le 27 Octobre.

Renaud, Gilbert. (Cher), 72e ligne, dyssenterie. *Wesel,* † le 20 Octobre.

Rougieux. Léon, garde mobile, sergent, pet.-vérole. *Glogau,* † le 21 Octobre.

Renou, Célestin, 2e artill. fièvre nerveuse, *Wittenberg,* † le 16 Octobre.

Roturier, Jean, Tallay (Gironde), 2e train d'artill., pneumonie. *Wesel,* † le 13 Octobre.

Rabillon, P., Triguères 74e ligne. *Hopital de réserve, Schwetzingen.*

Rodier, François voltigeurs de la garde ou de la garde mobile blessé, *Ecole des arts. Chálons-s/M.*

Riffé, Jean, 28e ligne, coup de feu au genou gauche. *Collége, Pont-à-Mousson.*

Revillet, Louis, 98e ligne, caporal, coup de feu à la jambe gauche. *Collége, Pont-à-Mousson.*

Roché, Léonard, 93e ligne. *Ambulance 9, Marange.*

Rambeau, Aimé 98e ligne *Ambulance 9, Marange.*

Requin, Louis, 98e ligne. *Ambulance 9, Marange.*

Raoul, Jean-Marie, 65e ligne. *Ambulance 9, Marange.*

Royet Claude St-Etienne, 54e ligne coup de feu à la jambe gauche. *Manufacture de tabacs, Nancy.*

Roilet, Charles, Besançon, 23e ligne, désarticulation du genou droit. *Manufacture de tabacs, Nancy.*

Raisoulet, Joseph, Toulon, 28e ligne amputé de la jambe gauche. *Manufacture de tabacs, Nancy.*

Robin. Jules La Chapelle (Yonne), 43e ligne, amputé du bras gauche. *Manufacture de tabacs, Nancy*

Sire, Jean-Léon, Quingey, 5e cuirass. 1er esc. *Hopital, Meiningen.* (Evacué comme prisonnier.)

Soualan, Jean, Quimper, 6e lanciers, 5e esc. *Hopital, Meiningen.* (Evacué comme prisonnier.)

Salomon, Pierre, 79e ligne. *Hopital, Meiningen.* (Evacué comme prisonnier.)

Sagard, Jean, St-Marcel 98e ligne. *Hopital de réserve, Schwetzingen.*

Sol. Jean, Maillac (Corrèze), 79e ligne blessé à la tête. *Caserne, Leipzig.* (Guéri.)

Schwarz, Charles. Mulhouse, 68e ligne. *Caserne, Leipzig.* (Guéri.)

Stecher, Félix, Rosenwiller, 4e cuirass., 5e esc, *Caserne, Leipzig.* (Guéri.)

Serret Xavier, Condorcet (Drôme), 60 ou 66e ligne Guéri et évacué sur *Dresden.*

Sordes, Hippolyte, 2e turcos 2e b., 6e c., sergent-major. coup de feu à la main et à la poitrine. Evacué sur *Posen.*

Sagnon, Ant., 78e ligne, 1er b., 4e c., coup de feu au genou droit. Evacué sur *Posen.*

Savoye, Victor, 10e chass. à pied 4e c., sous-lieutenant. *Hopital militaire, Coblence.*

Stephan, Jean, 10e dragons. *Hopital militaire, Coblence.*

Saane, P., ouvrier du parc d'artillerie, 3e c. *Hopital militaire, Coblence.*

Siadoux, Pierre, 24e ligne, 1er b., 5e c. *Hopital militaire, Coblence.* (Guéri.)

Sardon, Jos., 13e chass. à pied, 2e c., lieutenant. *Hopital militaire, Coblence.* (Guéri).

Sallé, Louis, Lémanche, 64e ligne. *Hopital de réserve, Schwetzingen.*

Siruall, Alcide, 94e ligne, blessé. *Hopital de réserve, Schwetzingen.*

Sevetier, E.- Jean-Baptiste, Chàlons-sur-Marne, 4e l'gne, sergent. *Ludwigslust,* † le 22 Octobre.

Salzmann, Théoph., 3e ligne. *Hôpital Ludwigslust.*

Saïd-ben-Mohamed, Medéah, 1er turcos., caporal. *Hopital Ludwigslust.*

Salgeat, Caussade, 52e ligne. *Hopital, Ludwigslust.*

Soulier, Henri, Belfort, 67e ligne, coup de feu à la cuisse gauche. *Hopital Ludwigslust.*

Soridan Antoine, Marsal, 12e ligne, caporal, coup de feu à la cuisse gauche. *Hopital, Ludwigslust.*

Souel, Justin, Bar-le-Duc, 28e ligne, caporal, amputé d'un doigt. *Hopital Ludwigslust.*

Selves, Jérôme, Tournon, 73e ligne, amputé du pouce gauche. *Hopital, Ludwigslust.*

Santini, Jean-Marie, Arras, 66e ligne, 3e b., 2e c., caporal. *Hopital Ludwigslust.*

Spilmann, Michel, Rappolswiller, 83e ligne. *Hopital, Ludwigslust.*

Serviar, François Paujon (Loire), 61e ligne, blessé. *Mannheim,* † le 25 Septembre.

Sivas, Pierre, St-Vincent (H.-Garonne), 17e artill., 8e batt. *Hopital de réserve, Hanau.*

Steib, Phil., Gersheim, 68e ligne, caporal, coup de feu à la poitrine. *Beaumont,* † le 30 Août.

Schmitt, Jean-Bapt., Brunstadt, 40e ligne, coup de feu à la cuisse droite. *Hopital, Ludwigslust*

St-André, Gérard, 1er ligne. *Hopital de réserve, Géra.* (Guéri).

Simon, Charles, 74e ligne, 2e b., 5e c. Evacué sur *Minden.*

Sequedre, Arthur, 2e zouaves, 3e b., 6e c. Evacué sur *Minden.*

Soulier, Napoléon, 1er zouaves, 3e b., 2e c. Evacué sur *Minden*

Stephan, Jean, 11e dragons 5e esc. *Hopital militaire. Coblence.* (Guéri).

Secossin, Guill., (H.-Garonne), 82e ligne, coup de feu au bras droit. Guéri et évacué sur le dépôt des prisonniers, *Leipzig.*

Scheib, Frédéric, Wissembourg, 2e ligne, sergent, coup de feu à la cuisse. Guéri et évacué sur le dépôt de prisonniers, *Leipzig.*

Santicelli, Pierre, 28e ligne. Guéri et évacué sur *Minden.*

Soirat, El., 21e ligne. Guéri et évacué sur *Minden.*

Schallhauser, Ignace, 2e inf. de marine. *Ambulance, Saverne.*

Sarrazin, Aug., Angoulême, 50e ligne. *Ambulance, Wissembourg.*

Schenk, Martin, 27e ligne. *Ambulance, Pange.*

Schouler, A., Lutzelhausen (B.-Rhin), 87e ligne, 3e b., 1re c *Hôpital de réserve, Nordhausen.* Evacué.

Sauvage, Aug. 2e zouaves. Evacué sur *Braunschweig.*

Simonet, Franç., (Allier) 56e ligne, 1er b., 5e c., coup de feu au pied g. *Ecole normale, Chàlons-s.-M.*

Sable, Bapt., 2e chass. à pied 2e c. Guéri et évacué sur *Stettin.*

Saintin, Charles, 3e ligne, 2 blessures. *Asile Eulalie Chàlons-s.-M.*

Soin, Alfred-Victor, 47e ligne coup de sabre. *Asile Eulalie, Chàlons-s/M.*

Silvestre, Jean, 26e ligne, coup de feu à la jambe gauche. *Pont-à-Mousson,* † le 10 Septembre.

Sempe, D., 11e ligne coup de feu au talon gauche. *Pont-à-Mousson,* † le 2 Octobre.

Sartin, Mathieu, 12e chass. à pied. Guéri et évacué sur *Stettin.*

Stæbel, Louis, 84e ligne, 1er b., 3e c. Guéri et évacué sur *Stettin.*

Serre, Jean, 67e ligne, pneumonie. *Thorn,* † le 26 Octobre.

Sabine, Conrad, 21e ligne, fièvre scarlatine. *Spandau,* † le 27 Octobre.

Saguet, Ernest, (Marne), 6e cuirass., maréchal-de-logis, typhus. *Posen,* † le 25 Octobre.

Sutter, Aug., 1er ligne, paralysie des poumons *Erfurt,* † le 25 Octobre.

Strübel, Aug, 11e ligne, clairon, typhus. *Erfurt,* † le 27 Octobre.

Spor, Jacques, 2e inf. de marine, typhus. *Cologne.* † le 9 Octobre.

Simodet, Victor, 16e chass. à pied, typhus. *Spandau,* † le 18 Octobre.

Salle, Victor, 1er artill., typhus. *Mayence,* † le 18 Octobre.

Salesse, Ambroise, La Roquette (Aveyron), 7e lanciers typhus. *Posen,* † le 15 Octobre.

Sellerac, (?), typhus. *Cologne,* † le 18 Octobre.

Stupfel, Michel, 4e lanciers, typhus. *Cologne,* † le 20 Octobre.

Sarcel Victor-Jules, 2e ligne, typhus *Cologne,* † le 13 Octobre.

Schüllers, Louis, (B.-Rhin). 96e ligne, pet.-vérole. *Neisse,* † le 24 Octobre.

Simon Eugène, Eckolsheim (B.-Rhin), train d'artill., typhus. *Stettin,* † le 21 Octobre.

Simoneau, Dominique, 4e ligne, typhus. *Spandau.* † le 22 Octobre.

Sorin, Mathurin, Canton de Mortagne, 15e chass. à pied, caporal, typhus. *Coblence,* † le 11 Octobre.

Sevenot, Gabriel, Pluneret (Morbihan), 91e ligne, typhus. *Coblence,* † le 20 Octobre.

Soret, François, 4e inf. de marine, typhus. *Mayence,* † le 20 Octobre.

Saïd-ben-Hamed, Algérie, 3e turcos. *Hôpital de réserve, Schwetzingen.*

Sarrazin, Albert, 2e grenadiers, coup de feu à la jambe gauche. *Collège, Pont-à-Mousson.*

Schwetzler, Jacob, 28e ligne, blessé à la jambe droite. *Collège, Pont-à-Mousson.*

Siquin, 81e ligne, blessé à la jambe gauche. *Verneville,* † le 13 Octobre.

Sinet, Alphonse, (Aisne), 15e ligne, coup de feu au bras gauche. *Manufacture de tabacs, Nancy.*

Stähle, Joseph, Paris, 11e ligne, coup de feu au visage. *Manufacture de tabacs, Nancy.*

Sabatier, David, Alais (Gard). 55e ligne, coup de feu et fracture de la jambe gauche. *Manufacture de tabacs, Nancy.*

Thomas, Jean-Bapt., Montluçon, 45e ligne. *Hopital de réserve, Meiningen.* Sorti comme prisonnier.

Trouilly, Victor, 2e zouaves, 1er b., 4e c.. sergent, coup de feu au pied droit. Evacué sur *Posen*

Turpin, Laurent, Brouquerque, 46e ligne, blessé au genou. Guéri et évacué sur *Dresden.*

Thiebaut, Franç., La Breloux (Vendée), 80e ligne, coup de feu à la hanche droite. Guéri et évacué sur *Dresden.*

Therien, Th., Eu, 8e chass. à chev. *Caserne, Leipzig.* Guéri.

Thevenon, Franç, Saône-et-Loire, 55e ligne, coup de feu au pied droit. Dépôt des prisonniers, *Dresden.*

Trincart, Franç., Alais, 98e ligne. *Hopital de réserve, Schwetzingen.*

Tichier, Jos., Naulac, 91e ligne, très-malade. *Hôpital de réserve, Schwetzingen.*

Tissier, Franç., Amry, 31e ligne, caporal. *Hopital de réserve, Schwetzingen.*

Thevenot, Léon, Paris, 20e ligne. *Hopital à Ludwigslust.*

Telliot, Jos., Alver, 11e ligne. *Hopital, Ludwigslust.*

Turpin, Franç, 40e ligne, contusion à la poitrine. *Hopital, Ludwigslust.*

Tubeaux, Math., Lepaux (Chambon). 21e ligne, typhus. † le 19 Septembre, *Mannheim.*

Topolier, Jean-Pierre, Beaumont, 68e ligne, 2e b., 1e c. *Hopital de réserve, Hanau.*

Thamillon, Pierre, Avignon, 57e ligne, caporal. *Hopital de réserve 1, Francf.-s/M.*

Thomas, Alex.-Hon., 70e ligne, *Hôpital de réserve 1, Francfort-s/M.*

Toucher, Jean, Chartres, 67e ligne, coup de feu au pied gauche. *Hopital, Ludwigslust.*

Toucault, Alex., 3e cuirass., 4e esc. *Ambulance de Saverne.* Evacué comme invalide.

Tortilès, Jules, Nîmes. 44e ligne. *Ambulance, Wissembourg.*

Tolozan, Florian, 96e ligne, sergent, coup de feu à la poitrine. *Hopital St-Charles, Pont-à-Mousson.* Evacué.

Tunis, Louis, 2e gren. Evacué à *Braunschweig.*

Taffin, Alex., Marseille, 52e ligne, 2e b., 3e c. *Ecole normale, Châlons-s./M.*

Trevelot, Léonard, 56e ligne, coup de feu à la hanche. † le 30 Août à *Pont-à-Mousson.*

Tauvin, Eug., 2e gren. de la garde, caporal, coup de feu au genou gauche. † le 7 Septembre, *Pont-à-Mousson.*

Treuvet, Jos., Savinière (Isère), 47e ligne, anémie. † le 28 Octobre, *Posen.*

Toureau, Jean, Billy (Loire-et-Cher), 61e ligne, typhus † le 17 Octobre, *Neisse.*

Tellier, François, 21e ligne, typhus † le 17 Octobre, *Mayence.*

Tissier, Antoine, Saujoux (Haute-Loire), 96e ligne, typhus. † le 15 Octobre, *Posen.*

Tessier, Jean, Bédenac (Ch.-Inf.), 72e ligne, dyssenterie. † le 16 Octobre. *Posen.*

Tief, ?, ?, typhus. † le 15 Octobre, *Cologne.*

Thomas, Louis, Toulon, 18e ligne, typhus. † le 22 Octobre, *Glogau.*

Tobie, Louis 97e ligne, typhus. † le 19 Octobre, *Wesel.*

Tramoni, Frédéric, 78e ligne, petite-vérole. † le 19 Octobre, *Neisse.*

Tessereau, Louis, Berry (Deux-Sèvres), 65e ligne, typhus. † le 15 Octobre, *Stettin.*

Taudier, Jean, 74e ligne. *Collège, Pont-à-Mousson*

Tourtier, Jean, La Rochefoucauld, 57e ligne, capitaine, coup de feu aux deux épaules. *Manufacture de tabacs, Nancy.*

Thiriou, Nicolas, 67e ligne, mutilation de la jambe gauche. *Collége, Pont-à-Mousson.*

Ussord, Etienne, Sarthe, 47e ligne , 1er b., 1e c. *Hopital de réserve 3, Leipzig.*

Usenier, Aug.-Remy, Vittel, 40e ligne. Guéri et évacué sur *Stettin.*

Uhri, Henri. Schirrhofen, 63e ligne, blessé à l'épaule. *Hôpital de réserve, Ludwigslust.*

Vigand, Charles Strasbourg, 7e artill. *Hopital de réserve, Ludwigslust.*

Vaillan, Jean Montceaux, 68e ligne. *Hopital de réserve, Leipzig.*

Varvarande, Jean, 5e s. d'infirmiers militaires. Guéri et évacué sur *Posen.*

Vacher, Jean 19e artill., 8e batt., coup de feu à la jambe gauche. Guéri et évacué sur *Posen.*

Vialle, Jean, 66e ligne, 1er b. 4e c., sergent-major. *Hopital militaire, Coblence.* Guéri.

Venaudel, Félix, Jura, 28e ligne, 3e b., 1e c., coup de feu à la poitrine. *Hopital de réserve 3, Leipzig.*

Voiry, Aug., 9e chass. *Hopital de réserve, Schwetzingen.*

Verninas, Jean, Langeac, 20e ligne, *Hopital de réserve, Ludwigslust.*

Vinot, H., Ormoy, 96e ligne, blessé au côté. † le 21 Août, *Mannheim.*

Venet Charles. 64e ligne. *Hopital de réserve 1, Francfort-sur-le-Mein.*

Vannier, Stanislas, 21e ligne, 3e b., 1e c. Evacué sur *Minden.*

Verrier, Jean, 13e ligne, 4e b., 5e c. Evacué sur *Minden.*

Vauxion, Aug., 8e chass. à pied, 4e c. *Hopital militaire, Coblence.* Sorti.

Villard, Jean, Puy-de-Dôme, 96e ligne. *Ambulance Wissembourg.*

Vanicatte, Pierre, Nord, 47e ligne, 1er b., 5e c., coup de feu à la cuisse droite. *Ecole normale, Châlons-s/M.*

Vilain, Jos., Marseille, 52e ligne, 2e b., 3e c. *Ecole normale, Châlons-s/M.*

Vidella, Pierre, 80e ligne, 2e b., 3e c., coup de feu à la cuisse gauche. *Collége, Pont-à-Mousson.*

Valery, Léon, 43e ligne, 2e b., 1e c., amputé à la jambe gauche. *Collége, Pont-à-Mousson.*

Vitel, Philippe, 26e ligne, amputé à la jambe gauche. † le 12 Septembre, *Pont-à-Mousson.*

Vercher, Thomas, 11e artill., dyssenterie. † le 18 Octobre, *Spandau.*

Vignaux, Jean, Gironde, 72e ligne, dyssenterie. † le 15 Octobre, *Posen.*

Valoter, Pierre, 31e ligne, typhus. † le 18 Octobre, *Cologne.*

Viacarat, Marius, 2e génie, typhus. † le 22 Octobre, *Cologne.*

Verdon, Antoine, 31e ligne, typhus. † le 23 Octobre, *Cologne.*

Valet, Alex., 2e inf. de marine, pneumonie. † le 13 Octobre, *Cologne.*

Vibet, Félix. Millières (Manche) 7e ligne. typhus. † le 19 Octobre, *Stettin.*

Viellanix, Léonard, 82e ligne, typhus. † le 17 Octobre, *Torgau.*

Vicaire, 8e lanciers, typhus. † le 12 Octobre, *Erfurt.*

Verdié, Et., 54e ligne. *Hôpital de réserve, Schwetzingen.*

Valée, Ed., Paris, 98e ligne, *Hôpital de réserve, Schwetzingen.*

Voisin, Pierre-Jos., 67e ligne, 2e b., 2e c., coup de feu aux deux jambes. *Collége, Pont-à-Mousson.*

Voigtlin, Em., 23e ligne, 3 b., 6e c., coup de feu au genou gauche. *Collége, Pont-à-Mousson.*

Villechanoin, Jean, 28e ligne, coup de feu au pied droit. *Collége, Pont-à-Mousson.*

Vigier, François, 86e ligne, blessé à la cuisse. *Collége, Pont-à-Mousson.*

Valette, Michel, Louverney (Mayenne), 91e ligne, coup de feu à la cuisse. *Manufacture de tabacs, Nancy.*

Viorron, Ch.-Ph., Loire, 97e ligne, coup de feu à la jambe gauche. *Manufacture de tabacs, Nancy.*

Wetterlin, Thiebaud, 1er zouaves. *Hôpital de réserve, Dessau.*

Wolff, Charles, Strasbourg, 11e ligne, coup de feu à l'épaule droite. *Hopital de réserve, Ludwigslust.*

Werches, Jacq., 52e ligne. *Hopital Jacob, Leipzig.*

Wagner, François, Avold (Moselle), 2e zouaves. *Ambulance Wissembourg.*
Wenger Aug., Rohrwiller (B.-Rhin), 88e ligne, typhus † le 13 Octobre, *Posen.*
Wallosch, Ambroise, 82e ligne, typhus. † le 23 Octobre, *Torgau.*
Wocker, Aug , Etrait (Pas-de-Cal.), 89e ligne, typhus. † le 11 Octobre, *Coblence.*
Warth, Jos., B.-Rhin), 2e inf. de marine, typhus. † le 11 Octobre, *Coblence.*
Walter, Louis-Jos., canton de Huningue, 18e ligne, typhus. † le 14 Octobre, *Coblence.*
Weber, Jacob, Vosges, 64e ligne, sergent, coup de feu au pied droit. *Manufacture de tabacs, Nancy.*

Xemart, Jean-Bapt., 1er ligne, dyssenterie. † le 26 Octobre, *Torgau.*

Zerr, Joseph, 79e ligne, typhus. *Hôpital de réserve 1, Leipzig.*
Zenon Math., Monsac, 17e chass. à p., coup de feu au pied gauche. Guéri et évacué sur *Dresden.*

INDEX GÉOGRAPHIQUE

Altenbourg, Saxe-Altenbourg.
Altona, près Hambourg, Allemagne du Nord.
Augsbourg, Bavière.

Bamberg, Bavière.
Benrath, Prusse Rhénane.
Berlin, Prusse.
Bernau, près Berlin, Prusse.
Bessungen, Hesse Grand-Ducale.
Bingen, près Mayence, Hesse Grand-Ducale.
Bingerbrucke, près Bingen, Prusse rhénane.
Bischwiller, Bas-Rhin.
Bonn, Prusse rhénane.
Boulay, Moselle.
Braunschweig ou **Brunswick,** Allemagne du Nord.
Brême, ville libre, Allemagne du Nord.
Brieg, Province de Silésie, Prusse.
Bruchsal, Grand-Duché de Bade.
Butzow, Mecklenbourg.

Carthausen, un des forts de Coblence.
Carlsruhe, Grand-Duché de Bade.
Cassel, Prusse.
Charlottenbourg, près Berlin, Prusse.
Coblence, Prusse rhénane.
Colligny, Moselle.
Cologne, Prusse rhénane.
Cœslin, Poméranie, Prusse.
Cosel ou **Kosel,** Province de Silésie.

Dantzig, Prusse.
Darmstadt, Hesse Grand-Ducale.
Dessau, duché d'Anhalt, Allemagne du Nord.
Deutz, près Cologne, Prusse rhénane.
Dietz, près Nassau, Allemagne du Nord.
Dusseldorf, Prusse rhénane.

Edenkoben, Bavière rhénane.
Etange (Les), Moselle.
Erfurt, Prusse.

Francfort-sur-Mein, Prusse.
Francfort-sur-Oder, Province de Brandebourg, Prusse.
Géra, Principauté de Reuss, Allem. du Nord.
Glatz, Province de Silésie, Prusse.

Giessen, Allemagne du Nord.
Glogau, Province de Silésie, Prusse.
Gotha, Allemagne du Nord
Gœrlitz, Province de Saxe, Prusse.
Griesbach, Bas-Rhin.

Halberstadt, Province de Saxe, Prusse.
Haguenau, Bas-Rhin.
Halle-sur-Saale, Province de Saxe, Prusse.
Hanau, près Francfort-sur-Mein, Prusse.
Hannover, Allemagne du Nord.
Heidelberg, Grand Duché de Bade.
Hildburghausen, Allemagne du Nord.
Hofgeismar, près Cassel, Prusse.
Hombourg, Moselle.
Holstein, Hôpital Kronprinzen Holstein, à Berlin.

Idar a./Nahe, Principauté de Birkenfeld.
Ingolstadt, Bavière.

Jœgerthal, Bas-Rhin.

Kirchheim, Wurtemberg.

Leipzig, Royaume de Saxe.
Lichtenfels, Bavière.
Lubeck, Ville libre, Allemagne du Nord.
Ludwigshafen, Bavière rhénane.

Magdebourg, Province de Saxe, Prusse.
Mannheim, Grand-Duché de Bade.
Marbourg, Hesse Electorale, Allemagne du Nord.
Marienberg, Royaume de Saxe.
Mayence, Hesse Grand-Ducale.
Meiningen, duché de Saxe-Meiningen.
Minden, Province de Westphalie, Prusse.
Moabit, un des hôpitaux à Berlin.
Montoy, près Metz, Moselle.

Nancy, Meurthe.
Neisse, Province de Silésie, Prusse.
Neustadt, Bavière Rhénane.
Niederbronn, Bas-Rhin.
Naumbourg sur la Saale, Prusse.
Neuwied, Prusse Rhénane.

Nordhausen, Province de Saxe Prusse.
Novéant, Meurthe.
Oberndorf, Wurtemberg.
Oberbetschdorf, Bas-Rhin.
Offenbach, près Landau, Bavière Rhénane.
Oels, Silésie, Prusse.
Oldenbourg, Duché d'Oldenbourg, Allemagne du Nord.
Oppeln, Silésie, Prusse.

Pange, Moselle.
Pont-à-Mousson, Meurthe.
Posen, Province de Posen, Prusse.
Potsdam, Province de Brandenbourg Prusse.

Quedlinbourg, près Magdebourg, Prusse.

Reichshoffen, Bas-Rhin.

Sachsenhausen, près Francfort-sur-le Mein. Prusse.
Sarrelouis, Prusse Rhénane.
Ste-Marie-aux-Chênes, Moselle.
Schneidemuhl, Province de Posen, Prusse.
Schwetzingen, Grand-Duché de Bade.
Schweidnitz, Province de Silésie, Prusse.
Seilerbahn, près Mannheim, Grand-Duché de Bade.
Sagau, Province de Silésie, Prusse.

Soultz-sous-forêts, Bas-Rhin.
Sommerfeld, Brandebourg, Prusse.
Sorau, Province de Brandebourg, Prusse.
Spandau, Province de Brandenbourg, Prusse.
Speyer ou **Spire,** Bavière Rhénane.
Stolpe, Province de Poméranie, Prusse.
St-Hilaire, Marne.
Stuttgart, Wurtemberg.
Stettin, Province de Poméranie, Prusse.

Thorn, Prusse orientale.
Torgau, Province de Saxe, Prusse.
Trèves, Prusse Rhénane.

Ueberrach, Bas-Rhin.

Weilbach, près Nassau, Allemagne du Nord.
Weinheim, Grand-Duché de Bade.
Wiesbaden, Allemagne du Nord.
Wissembourg, Bas-Rhin.
Wittenberg, Prusse.
Wœrth, Bas-Rhin.
Worms, Bavière Rhénane.
Wesel, Prusse Rhénane.
Walbourg, Bas-Rhin.
Wallerfongen, près Trèves, Prusse Rhénane.

Zittau, Saxe Royale.

AVIS IMPORTANT

Le *Comité international de secours aux blessés* reçoit les dons en argent destinés aux blessés et aux malades des deux armées. Il se charge aussi de la correspondance des prisonniers avec leur famille, ainsi que des envois d'argent à leur adresse.

Adresse : **M. Gustave MOYNIER, Président, Grand'Rue, 33, à Genève.**

Le Comité international a créé à Bâle une *Agence internationale* qui sert d'intermédiaire aux donateurs de tous pays pour la transmission des secours en *argent* et en *nature* destinés aux *blessés* et aux *malades des deux armées.*

Adresse : Rittergasse, 29, à Bâle.

Le Comité international de secours pour les prisonniers de guerre reçoit les secours en *argent* et en *nature* pour les *prisonniers français et allemands.*

Adresse : **Dr CHRIST-SOCIN, Kohlenberggasse. 24, à Bâle.**

Les listes de blessés sont publiées au fur et à mesure qu'elles ont été dressées par l'administration prussienne. Chacune d'elles mentionne, en particulier, les décès survenus parmi les hommes portés comme blessés sur les listes antérieures.

Elles se vendent au profit de l'œuvre du Comité international de secours.

Prix : 1 fr. 50 la première; 1 fr. les suivantes. Pour la France (rendues franco), 1 fr. 75 la première; 1 fr. 20 les suivantes, contre valeur en timbres-poste.

S'adresser à M. Georg, libraire à Bâle et à Genève.

GENÈVE. — IMPRIMERIE PFEFFER ET PUKY, RUE DU MONT-BLANC